千言

素心兰室藏印

王平 编著

河南美術出版社
·郑州·

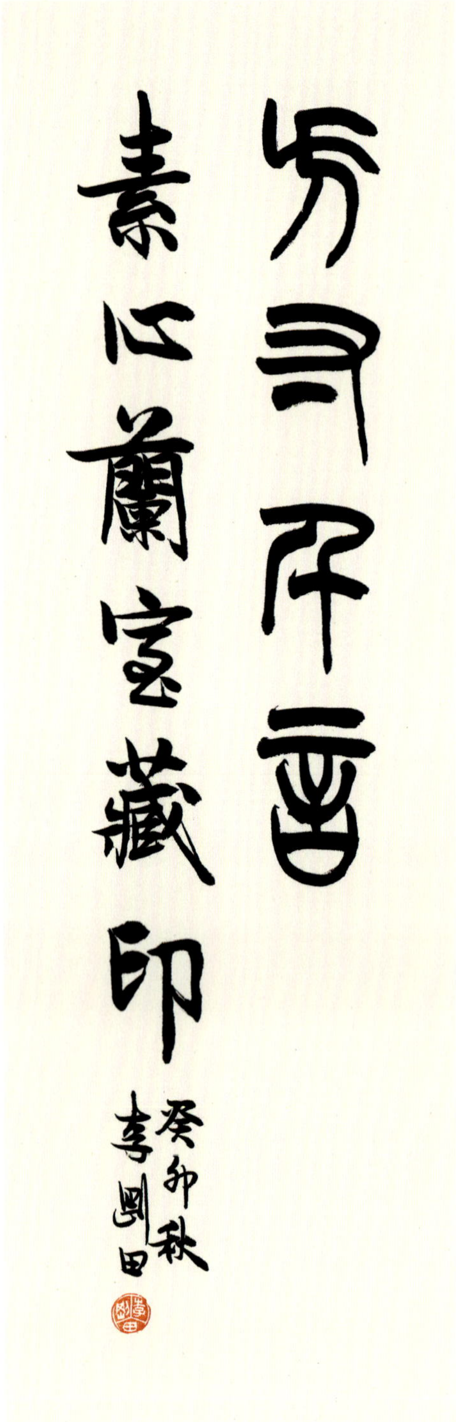

方寸千言　素心兰室藏印

李刚田　题

西泠印社副社长

郑州大学书法学院特聘教授　博士生导师

百印斋

吉欣璋　题

河南省书画院专业书法家

素心兰室

孟会祥　题

河南省书法家协会副主席

《书法导报》副总编辑

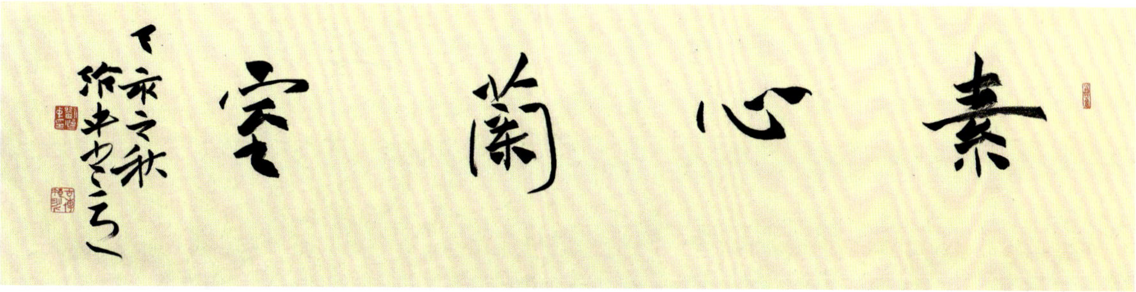

素心兰室

刘治中　题

河南博物院专职书画篆刻家

谨以此书献给我的父母

父母生前用印

王平

初名平安，斋号素心兰室，别署百印斋。
1962年3月生，河南省郑州市人。
长期在财政部门从事图书管理、干部培训工作，馆员、高级会计师。
性耽文史，素以书籍相伴，长于鉴赏，雅好收藏，笃学力行，履践致远。

方寸千言

序

《方寸千言》，言印章方寸之内，具无尽藏焉。藏而著录者以是名，知非徒好事者。搜求之，摩挲之，考据之，序列之。上溯三代，识文字，辨功用，明印式，察变化。由官而私，由铜而石，下及流派，始篆之，继镌之，遂名篆刻。材料之用，举凡水晶、翡翠、象牙、琉璃、檀香、竹根乃至瓜蒂，贵者重其贵，雅者高其雅，亦无不及。而著录者耗二十年之心力，广为罗致，服其眼光之精、识见之博，著录亦有独到，而谓方寸千言，千固大千也！

王平先生，父党母族，皆世代书香。家存印章，质地文字，洵足悦目，此先生收藏印章之缘起。自20世纪末，出入文物之肆，专一于旧印，初则注重质地之美，渐至印文之时代、人物、作者，购置图书，用资考据，遂成方家。父母亦多方资助，举家节衣缩食，所收益夥。入手即分门别类，详辨文字，证以史书，著录之体例已见端倪。

近者先生致仕家居，寝馈于是，因整理其稿，阙者补，略者详，斥资付梓。承先生之厚，以著录稿样相示，翻阅再三，图版清晰，印文之钤，印面之照，印材之色彩、纹路、钮制咸具，附详考，展玩不置，爱不释手。先生藏印，以明清流派印为多，此则近年印学所疏也。披阅之际，觉文人气息，固文人之所有，所以疏之者，气格不同，如何同调？先生斯文人也，独赏而重之。

吉欣璋　癸卯秋识于乐庐

目录

心心相印

源远流长

印章是我国特有的历史文化产物，源远流长。它的起源很早，目前，能见到的最早的印章实物为1928年殷墟出土的三枚铜质玺印和1998年安阳殷墟考古发现的一枚鼻钮饕餮纹铜玺。这些文字、图案与商周之际陶器、铜器纹饰非常相似。沙孟海先生在其所著《印学史》中认为：安阳出土的三件铜玺，纹饰形象接近铜器图徽，应该是早期作品。许多文字学家和考古学家将这些玺印鉴定为商代晚期之物，是中国玺印的早期形态。韩天衡先生在《天衡印话》中认为：『玺』之问世当是春秋中后期事。无论哪一种说法，印章的使用已有近三千年历史，此说不虚。

从年代上看，战国古玺、秦朝印章、汉官印、魏晋将军印、唐宋九叠篆、元花押、明清文人印，每一方印章都烙有时代的印记，风貌各异。

从文字上看，印文从最早的楔形文字，到甲骨、金文、大篆、小篆等，篆书因具有较强的装饰性而成为印章艺术的主体，独具魅力，至今不衰。但自秦汉以后，已有其他书体入印。魏晋时代就有了隶楷入印的先例，之后唐宋的隶楷印和元代的押字印，明清以来的今体字入印，均有佳作问世。

从材质上看，战国至今，铜印一直是官方印材的主力，后有金、银、玉、角、水晶等；宋元以来风行瓷印石章，这在宋代杜绾撰写的《云林石谱》中已有记载；明清多以石材入印，如青田石、寿山石、昌化石等；近现代以来，一些日常所见之物，如瓜蒂、竹根、赛璐珞等成为印材，使印材的品种丰富多彩，别有意趣。本书对各种印材的收集致力颇勤，去粗取精，悉心罗致，尽出其藏。

从制作上看，16、17世纪篆刻流派的兴起，印章材质由铜印转为石印，印文也由治印家、书画家或文人亲自镌刻，为中国印章史书写了辉煌篇章，如明朝以文彭、何震为代表，清朝以程邃为代表的徽派，以丁敬为代表的浙派，以邓石如为代表的邓派，清末、近现代赵之谦、吴昌硕、黄士陵、齐白石等名家竞起，流派争衡。其所治印文愈精，用印亦愈加讲究。

从收藏角度看，印章蕴含丰富的文化底蕴，是一种具有历史价值的文物，是中国艺术发展史上的一朵奇葩。诗书画印，笔墨纸砚，印章已从书画作品的附属物，转变为具有独立艺术价值的艺术形式。2008年北京奥运会会徽选用中国传统文化符号——印章作为标志性主体，恰如袁枚诗句：『苔花如米小，也学牡丹开。』随着中国艺术拍卖市场的持续发展，印章成为热门标的，风姿独绝，愈加受到藏家青睐。

收藏是物质的，也是精神的。收藏能给自己的生活带来乐趣，也能为自己的生活增加品味。它能够深入灵魂，引起共鸣，更能激发对艺术、对美的追求。

第一章 春秋至秦汉

◎春秋　亚纹玺

材　质：铜质

印　钮：鼻钮

尺　寸：2.4cm×2.4cm×1.5cm

◎春秋 □

材质：铜质

印钮：鼻钮

尺寸：1.8cm × 1.5cm × 1.7cm

◎战国 箅瘢

印钮：鼻钮

材质：铜质

尺寸：1.4cm × 1.4cm × 1.5cm

◎战国 王糴

材质：铜质

印钮：鼻钮

尺寸：1.6cm × 1.5cm × 0.7cm

◎战国 □

材 质：绿松石

印 钮：鼻钮

尺 寸：1cm × 1cm × 1.1cm

◎战国 同

材 质：铜质

印 钮：覆斗钮

尺 寸：0.9cm × 0.9cm × 0.7cm

◎战国 □□

材 质：铜质

印 钮：坛钮

尺 寸：0.9cm × 0.9cm × 1.2cm

◎战国 □□

材质：玉

印钮：鼻钮

尺寸：1.3cm×1.2cm×1.3cm

◎战国 之昊

材 质：铜质

印 钮：瓦钮

尺 寸：1cm×1cm×0.8cm

◎战国 土均

材 质：铜质

印 钮：鼻钮

尺 寸：1.2cm×1.2cm×1.3cm

◎战国 壬

材　质：铜质
印　钮：鼻钮
尺　寸：1.2cm×1.1cm×0.8cm

◎汉 庄梁

材　质：铜质
印　钮：坛钮
尺　寸：1.3cm×1.3cm×1.2cm

◎汉 李臣

材质：铜质

印钮：坛钮

尺寸：1.6cm×1.2cm×0.8cm

◎汉 张克之印

材质：铜质

印钮：桥钮

尺寸：1.3cm×1.3cm×1.4cm

◎汉 王方

材质：骨质

印钮：瓦钮

尺寸：1.1cm × 1.1cm × 1.2cm

◎汉 昌

材质：陶质

印钮：鼻钮

尺寸：1.7cm × 1.7cm × 1.5cm

◎汉 张武昌

材质：陶质

印钮：鼻钮

尺寸：1.7cm×1.7cm×1.7cm

第二章　魏晋至宋元

◎唐　永以为好
材　质：铜质
印　钮：缺失
尺　寸：3.8cm×3.8cm×0.5cm

◎唐 □

材质：铜质

印钮：桥钮

尺寸：2.3cm×2.2cm×2.1cm

◎辽宋 员

材质：铜质

印钮：提梁钮

尺寸：2.2cm×2.2cm×2.3cm

◎辽宋 □□

材质：岫玉

印钮：坛钮

尺寸：4.1cm×4.1cm×3.7cm

◎宋 马贺如印

材质：煤精石

印钮：瓦钮

尺寸：1.9cm×1.7cm×1.5cm

◎元 □□（八思巴文）

材质：沉香

印钮：鼻钮

尺寸：2.2cm×2.1cm×1.5cm

◎宋　奎文第一楼

材　质：青白玉

印　钮：马钮

尺　寸：5.6cm × 2.5cm × 4.7cm

◎元　郭简侯

材　质：寿山石

尺　寸：2.3cm × 1.1cm × 3.8cm

印面主人简介

郭简侯，即郭明德，元臣。《元史》无传，其事迹见于元人苏天爵《滋溪文稿》中所收录的一篇碑铭，即《故少中大夫同佥枢密院事郭公敬简侯神道碑铭并序》。据载，郭明德，字德新，中山无极（今河北无极县）人，曾在枢密使张易处，后任枢密院都事，向朝廷陈述系统的备边之策，『有用于世』。

◎元 杜安居

材质：银质

印钮：直钮

尺寸：1.7cm × 1.7cm × 1.9cm

◎元 至正

材质：铜质

印钮：鼻钮

尺寸：2.8cm × 2.5cm × 1.2cm

◎元 记押

材质：铜质

印钮：鼻钮

尺寸：2.2cm×1.3cm×1.5cm

◎元 肖形印

材质：铜质

印钮：鼻钮

尺寸：2.4cm×1.2cm×1.6cm

◎元 甫押

材质：铜质

印钮：柱钮

尺寸：1.4cm × 1.4cm × 1.5cm

◎元 肖形龙押

材质：铜质

印钮：鼻钮

尺寸：3.3cm × 2.5cm × 1.1cm

第三章 明 清

◎□□

材质：青田石

印钮：覆斗钮

尺寸：2.2cm×2.2cm×2.2cm

◎又而

材质：玉

印钮：覆斗纽

尺寸：1.7cm×1.7cm×1.5cm

◎张中祥印

材质：黄玉

尺寸：2.4cm×2.4cm×1.5cm

◎行慎

材 质：玉

尺 寸：2cm × 1.5cm × 1.6cm

◎政停

材 质：青玉

尺 寸：2.4cm × 1.2cm × 2.5cm

◎寿纹押

材　质：黄玉

印　钮：如意钮

尺　寸：1.3cm × 1.2cm × 0.8cm

◎长生未央

材　质：青白玉

尺　寸：2cm × 2cm × 1.1cm

◎溪口渔家

材质：青田石
印钮：龟钮
边款：嘉靖丁亥春日作　文彭
尺寸：2cm×2cm×2.6cm
作者：文彭

作者简介

文彭（1497—1573），字寿承，号三桥，明时长洲（今江苏苏州）人，文徵明长子。曾任两京国子监博士，人称『文国博』。精篆刻，秀美而有逸趣。其印作长期被后人奉为金科玉律，在印学史上有深远影响，传世极为稀少。

◎乐善不倦

材　质：寿山石

印　钮：螭龙钮

边　款：甲辰二月作于松风堂中　何震

尺　寸：4cm × 2.5cm × 5.6cm

作　者：何震

作者简介

何震（约1530—1604），字主臣，又字长卿，号雪渔，明时婺源（今属江西）人，久居金陵（今江苏南京）。与文彭为师友之交。印作气雄力健，苍浑古朴，称雄印坛。

◎蒋家君□

材质：寿山石

印钮：瑞兽钮

尺寸：3cm × 2.3cm × 4.8cm

◎折芳馨兮遗所思

材　质：红木

边　款：千秋

尺　寸：5.6cm × 2.7cm × 3.4cm

作　者：梁袠

作者简介

梁袠（?—约 1637），字千秋，江苏扬州人，居南京。工治印，宗法何震。摹刻何氏之作，形神逼真。布局自运之印，自成一格，入印之语，不拘成法，使后世印家为之倾心。

◎和月

材质：寿山石

边款：癸巳八月石头陀

尺寸：1.7cm×1.6cm×7.9cm

作者：蓝瑛

作者简介

蓝瑛（1586—1664），字田叔，号蝶叟，晚号石头陀，又号东郭老农，所居榜额曰『城曲茅堂』，钱塘（今浙江杭州）人。浙派后期代表画家之一，工书善画，尤以山水著名。其画派在晚明影响甚大，传其画法者甚多。

◎寿无极

材质：寿山石

印钮：螭龙钮

边款：壬寅何巨源作

尺寸：4.3cm × 3.2cm × 2.2cm

作者：何巨源

作者简介

何巨源，即何涛，婺源（今江西婺源）人。何震之子。字松庵，又字海若，号萨奴、巨源、火莲居士。得家传，善治印。存世有《何巨源印苑》《何萨奴印略》。

◎**虚舟子**

材　质：寿山石
印　钮：鸳鸯荷莲
边　款：烟客
尺　寸：2.9cm×2.9cm×6cm
作　者：王时敏

作者简介

王时敏（1592—1680），字逊之，号烟客，晚号西庐老人，江苏太仓人。出身名门，工书善画，为清初『四王』（王时敏、王鉴、王翚、王原祁）之首。

◎山水中人

材 质：青田石

边 款：丙寅春正月作 李渔德

尺 寸：6.2cm × 2.7cm × 8.6cm

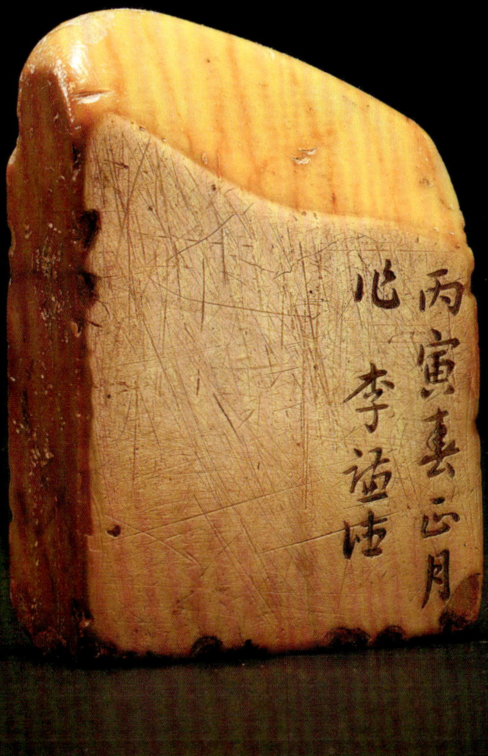

◎小长芦诗画

材　质：昌化石

尺　寸：2.4cm×2.3cm×3.6cm

印面主人简介

朱彝尊（1629—1709），字锡鬯，号竹垞，又号醧舫，晚号小长芦钓鱼师，浙江秀水（今浙江嘉兴）人。清朝词人、学者、藏书家，与陈维崧并称『朱陈』，与王士祯称南北两大诗家。

◎春水满四泽　夏云多奇峰

材　质：昌化石

尺　寸：2.4cm×2.3cm×3.6cm

◎负雅志于高云

材　质：寿山石

尺　寸：2.6cm×1.6cm×0.9cm

◎未能免俗

材　质：寿山石

印　钮：古兽钮

尺　寸：2.4cm×1.1cm×6cm

◎供奉翰林

材　质：青田石

边　款：竹垞

作　者：朱彝尊

尺　寸：7.1cm × 7.1cm × 7.1cm

◎不露文章

材 质：寿山高山冻石

印 钮：天禄钮

边 款：戊辰大雪 自长安回杭后作 牧□

尺 寸：5.2cm × 2cm × 6cm

◎四阆山前　□□□□（两面印）

材　质：寿山石

边　款：已磨损

尺　寸：3.9cm×3.9cm×7.9cm

◎常乐

材质：寿山芙蓉

印钮：寿星钮

边款：长寿常乐 □茊篆

尺寸：4cm × 2.4cm × 6.5cm

◎夔州防御使符

材 质：楠木

印 钮：螭虎钮

尺 寸：3.8cm × 2cm × 5.5cm

◎披云卧石

材质：寿山冻石

印钮：猴钮

边款：孟亭

尺寸：4.5cm×3cm×5.6cm

作者：吴先声

作者简介

吴先声，字实存，号孟亭，又号石岑，清初古郢（今湖北江陵）人。工刻印，著有《敦好堂论印》《印证》等。

◎□逸

材　质：青田石

印　钮：螭虎钮

边　款：芳茂山人

尺　寸：3.1cm × 3.1cm × 4.5cm

作　者：孙星衍

作者简介

孙星衍（1753—1818），清著名藏书家、目录学家、书法家、经学家。字渊如，号伯渊，别署芳茂山人，阳湖（今江苏武进）人，后迁居金陵。著有《周易集解》《寰宇访碑录》《芳茂山人诗录》等多种文集。

◎边树荆

材　质：寿山高山冻石

印　钮：古兽钮

尺　寸：3cm × 1.2cm × 6cm

◎省心耐烦补过草堂

材 质：青田石

尺 寸：3.6cm × 1.7cm × 7cm

◎许风书　竹西（两面印）

材　质：楚石

尺　寸：2.3cm×2.3cm×4.5cm

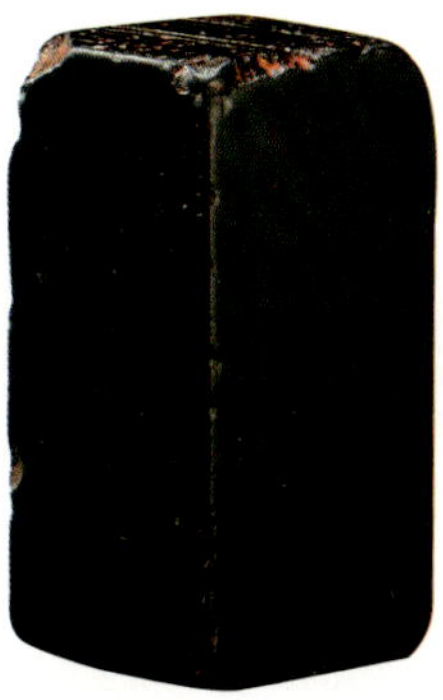

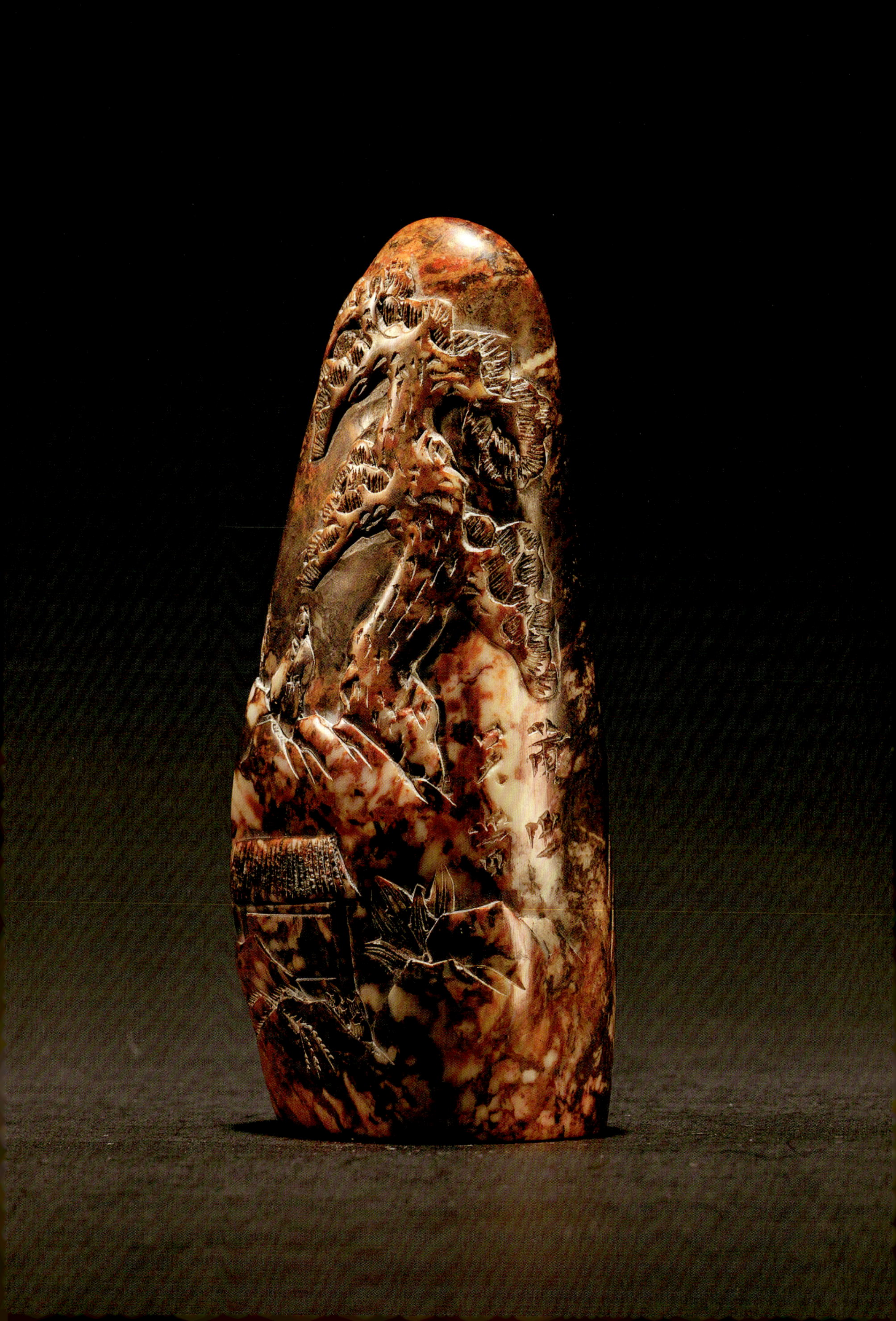

◎石宸

材质：寿山石

印饰：山水人物薄意

边款：莆田吴晋

尺寸：4cm × 2.6cm × 8.8cm

作者：吴晋

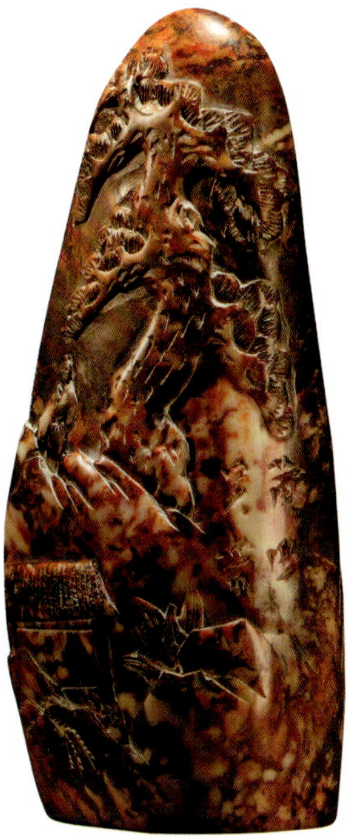

作者简介

吴晋，字平子，清初莆田（今属福建）人。曾在周亮工门下习篆20余年。印风疏朗工整，治印之道主张讲究六书之学。

◎华嵒之印

材　质：寿山芙蓉

印　钮：古兽钮

尺　寸：2.2cm×2.2cm×3.8cm

印面主人简介

华嵒（1682—1756），清代杰出绘画大家，扬州画派代表人物之一。

◎三朝老民金吉金

材　质：寿山石

尺　寸：3.2cm×2.3cm×4.5cm

印面主人简介

金农（1687—1763），清代著名书画家，『扬州八怪』之首。字寿门、司农、吉金，号冬心先生、稽留山民、曲江外史、昔耶居士等，因其人生历经康熙、雍正、乾隆三朝，所以自封『三朝老民』的闲号。钱塘（今浙江杭州）人，久居扬州，布衣终身。

该印收录于《中国历代印风系列·清代浙派印风》（上），重庆出版社，1999年12月第一版，第88页。

◎用拙斋

材　质：青田石

边　款：少陵翁句云　用拙存吾道　幽居近于情　杖黎从白首　心迹喜双清　因制此印奉赠　性存先生与名实切合也　巧因梅花气通王元画上　喜者颇宜雅人几上耳　杭郡丁敬身记　甲申冬日

尺　寸：3cm×3cm×4cm

作　者：丁敬

作者简介

丁敬（1695—1765），字敬身，号钝丁、砚林、梅农、丁居士、龙泓山人等，钱塘（今浙江杭州）人。治印宗法秦玺汉印，力纠时俗娇柔妩媚之风气，于文彭、何震外别树一帜，为『浙派』开山之祖，为『西泠八家』之首。印风朴茂涩拙，布局变化多端。著有《武林金石录》《龙泓山人印谱》等。

◎七峰居士

材　质：寿山石

边　款：西唐用明印式

尺　寸：1.5cm×1.5cm×7.5cm

作　者：高翔

作者简介

高翔（1688—1753），字凤岗，号西唐，一作犀堂或樨堂，清时甘泉（今江苏扬州）人。精篆刻，取法程邃，构思谨严，自具风格。

◎笑傲烟霞

材质：寿山艾叶绿

印钮：螭虎钮

边款：智光居士

尺寸：2.9cm×2.9cm×3.8cm

作者：杭世骏

作者简介

杭世骏（1696—1772），清代经学家、史学家、文学家、藏书家。字大宗，别号智光居士，仁和（今浙江杭州）人。雍正二年（1724）举人，乾隆元年（1736）举博学鸿词科，授编修，官御史，生平勤力著述。工书，善写梅竹、山水，间作水墨花卉，书卷之气盎然。

◎徐氏宝叔别字鹤瞿

材 质：青田石

尺 寸：4.8cm × 4.8cm × 5cm

◎了矣平

材质：寿山芙蓉冻石

印钮：双龙戏珠钮

边款：乙丑八月刻于晚成庐梦禅拜记

尺寸：3.3cm×3.3cm×6.3cm

作者：瑛宝

作者简介

瑛宝，姓拜都氏，字梦禅。满州正白旗人，大学士永贵长子，曾官笔帖式。年甫三十因足疾辞，惟以诗歌笔墨自娱，与刘墉为文字交，书亦相似。善篆刻，师何震。

◎秦私印

材 质：寿山石

尺 寸：4.3cm × 2.3cm × 1.7cm

◎□□□（满文印）

材 质：红木

印 钮：台钮

尺 寸：3.7cm × 3.7cm × 1.8cm

◎半山亭

材　质：寿山高山冻石

印　饰：深浮雕葡萄纹饰

尺　寸：1.5cm × 1.5cm × 4.9cm

◎岳孝贵章

印钮：瓦钮

材质：银质

尺寸：1.5cm × 1.5cm × 1.5cm

◎日月牛羊□

材质：铜质

印钮：鼻钮

尺寸：3.8cm × 3.4cm × 1.5cm

◎杏宇

材质：铜质

印钮：瓦钮

边款：□□□日香云作

尺寸：2.7cm×2.7cm×1cm

◎舞鹤轩

材质：铜质

印钮：桥钮

尺寸：3.8cm×2.2cm×1cm

◎栖神静乐

材　质：封门三彩青田

印　钮：荷蛙钮

边　款：石盦

尺　寸：2.5cm × 2.5cm × 5cm

◎新晴徐步平沙

牵景拈纸作画（两面印）

材　质：寿山石

尺　寸：3cm×3cm×3.6cm

◎龙门仙依

材　质：寿山石

印　饰：莲瓣纹

尺　寸：3.6cm × 2cm × 4.5cm

◎明中白事

材　质：青田五彩

边　款：新泉氏作

尺　寸：2.2cm × 2.2cm × 7.2cm

◎涤铭

材　质：寿山冻石

印　饰：松石薄意

尺　寸：1.8cm × 1.8cm × 4.6cm

◎此心细无可启时

材　质：火煨石

印　饰：草纹薄意

尺　寸：2.5cm × 2.5cm × 3.5cm

◎颜禧之印　啸庐（自用印对章）

材质：青田石

尺寸：2.5cm×2.5cm×5.8cm×2

印章主人简介：

颜禧，号啸庐，海盐人。书画宗文征明，尤工白描人物。

◎一身诗酒债

材质：寿山石

印钮：螭虎钮

边款：练玉道人

尺寸：2.9cm × 2.9cm × 11cm

作者：陈炼

作者简介

陈炼（1730—1775），字在专，号西莽，又号炼玉道人。福建同安人，寓居华亭（今上海松江）。其善治印，直入古人堂奥，自成一格，为清乾、嘉印坛上重要人物。

◎治叔重鼎臣遗书游渊明山谷故里类冯煖王粲作客慕朱家郭解为人

材质：青田石
尺寸：5.8cm×5.8cm×9.1cm

◎永斗

材质：酱油青田

尺寸：1.4cm×1.4cm×2.4cm

◎墨痴

材质：寿山冻石

印钮：鼻钮

边款：未谷

尺寸：1.1cm×1.1cm×1.4cm

作者：桂馥

作者简介

桂馥（1736—1805），字冬卉，号未谷，又号老落，别署渎井复民，清时曲阜（今属山东）人。所刻之印取法于秦汉，刀法挺拔，不求时尚，不轻为人刻印，传世作品极少。著有《缪篆分韵》5卷、《续三十五举》《说文解字义证》等。

◎寿

材 质：乌鸦皮田黄

边 款：戊午四月 阿松

尺 寸：1.5cm × 1.2cm × 4.5cm

◎秋谷

材 质：白田

印 饰：亭台古松簿意

边 款：张秋□□刻

尺 寸：2.2cm × 1.8cm × 6cm

◎伯生

材 质：寿山白芙蓉

印 饰：松石人物薄意

尺 寸：2.2cm × 2.2cm × 5.1cm

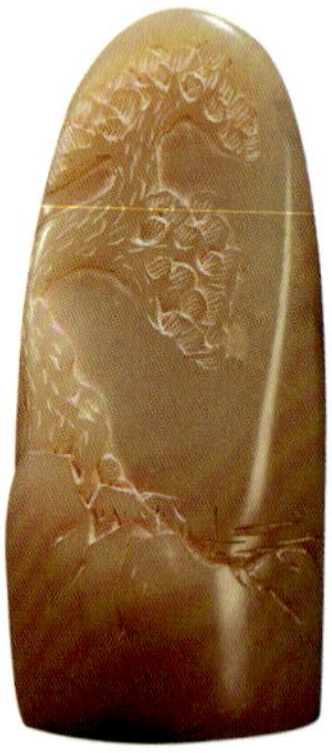

◎萧然绝俗

材　质：辽宁冻石

印　钮：蛙钮

边　款：己未□夏作于吴门　小池

尺　寸：2.6cm×2.2cm×4.8cm

作　者：董洵

印面主人简介

董洵（1740—1812），清代诗人、书画篆刻家。字企泉，号小池，又号念巢，山阴（今浙江绍兴）人。所刻之印章法多变，别有新意。

◎董洵

材 质：青田石

尺 寸：1.8cm × 1.1cm × 1.8cm

作 者：董洵

◎文存古道见真情

材 质：寿山芙蓉

边 款：钝丁先生有此印别饶古趣兹仿其意刻此识者鉴之小池董询（洵）并记于鄂诸癸卯六月

尺 寸：2.7cm × 2.7cm × 6.6cm

作 者：董洵

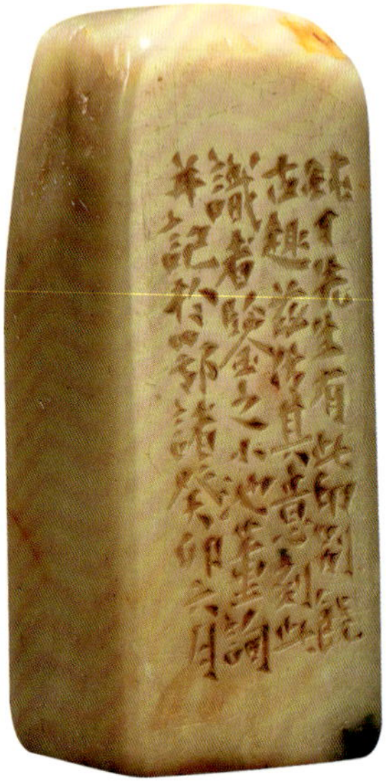

◎天上人间

材质：寿山高山朱砂

边款：吉罗居士

尺寸：1.5cm × 1.5cm × 6.2cm

作者：蒋仁

作者简介

蒋仁（1743—1795），原名泰，字阶平，后因得古铜印『蒋仁之印』而改名，改字山堂，别号吉罗居士，清时仁和（今浙江杭州）人。篆刻师法丁敬，苍浑自然，突出天趣。不轻为人奏刀，传世之作不多。与丁敬、黄易、奚冈齐名，为『西泠八家』之一。

◎游于艺　庭草无人乐意浓（两面印）

材　质：竹节

尺　寸：一、2.7cm × 1.9cm × 6.6cm

二、2.4cm × 2.1cm × 6.6cm

◎天官考功大夫印

材　质：寿山芙蓉

印　饰：山水人物薄意

尺　寸：4.2cm × 3cm × 5cm

◎草木有本心

材 质：昌化鸡血

边 款：戊申桂月古浣子刻

尺 寸：1.3cm×1.1cm×3.5cm

作 者：邓石如

作者简介

邓石如（1743—1805），原名琰，字石如，又字顽伯，别号完白山人、古浣子等。清时怀宁（今属安徽）人。精四体书，篆刻苍劲庄重，得『刚健婀娜』之致，风流所及，印坛风气为之一变，也称『邓派』，亦称『皖派』。著有《完白山人篆刻偶存》等。

◎□□□（已磨损）

材　质：寿山石

边　款：欲求天仙者　当立一千三百善　欲求地仙者　当立三百善　楚桥

尺　寸：5.5cm×3.2cm×2.7cm

作　者：黄学圯

作者简介

黄学圯（1762—1830），清代篆刻家，字孺子，号楚桥，江苏如皋人。篆刻工整有法度，大小篆咸能得其生趣，著有《历朝史印》《楚桥印稿》等。

◎繍哺　鹤□（两面印）

材质：寿山石

印钮：直钮

边款：戊申七月　秋堂

尺寸：1.2cm × 1.2cm × 2.5cm

作者：陈豫钟

作者简介

陈豫钟（1762—1806），字浚仪，号秋堂，钱塘（今浙江杭州）人。好金石文字之学，篆刻自成风貌。

◎研祩斋

材质：寿山冻石

边款：庚申五月作于家秋堂　六舟

尺寸：3.1cm × 1.6cm × 3.9cm

作者：陈豫钟

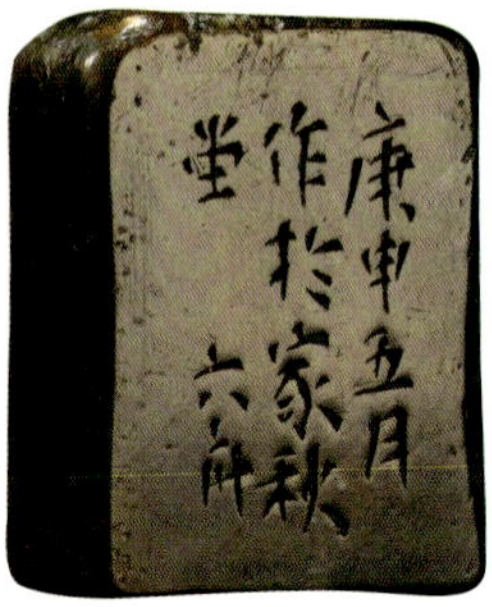

◎古狂

材　质：墨花青田

边　款：信其人以及其印苟非之人有言不信　频伽

尺　寸：3cm×1.5cm×3.9cm

作　者：郭麐

作者简介

郭麐（1767—1831），字祥伯，号频伽，又号邃庵居士，江苏吴江诸生。少游姚鼐之门，尤为阮元所赏识。工词章，善篆刻。闲画竹石，别有天趣。

瞿中溶刻闲文对章

◎自得其乐　寄兴于烟霞之外（对章）

材　质：青田石

边　款：一、庚申八月十日梅泾老农以心自写

二、住宽睡宽不如心宽自得其乐也　中溶

尺　寸：4.0cm × 4.0cm × 5.0cm × 2

作　者：瞿中溶

作者简介

瞿中溶（1769—1842），字镜涛，又字木夫，号苌生，晚号木居士。嘉定（今属上海）人，钱大昕之婿。篆刻宗法汉人，得浙派神韵。

◎得自在禅

材质：象牙、犀角

边款：中溶

尺寸：2.5cm×1.3cm×2.3cm

作者：瞿中溶

◎□□

材质：琥珀

印钮：猴钮

尺寸：1.6cm×1.3cm×2.3cm

◎梅屋

材质：玉

印钮：船钮

边款：乙酉夏胡敬

尺寸：3.2cm × 1.7cm × 3.4cm

作者：胡敬

作者简介

胡敬（1769—1845），字以庄，号书农，浙江仁和（今浙江杭州）人。嘉庆十年进士，官翰林院编修，诗文兼美，著有《崇雅堂诗文集》等。

◎济美

材质：寿山石

印钮：狮钮

尺寸：2.1cm×2.1cm×6.1cm

印面主人简介

王基永，清代画家，字济美，山阴（今浙江绍兴）人。工书善画，与姚锡元、王国爻同名于时。

◎明月前身

材　质：寿山冻石

边　款：甲申孟夏雨夜　研樵作此印

尺　寸：2cm×2m×7.6cm

作　者：张培敦

作者简介

张培敦（1772—1846），字研樵、砚樵，吴县（今江苏苏州）人，翟大坤弟子。精鉴藏，工书，善画山水，师法文徵明，笔法秀韵。

◎闲云 野鹤（连珠印）

材　质：寿山石

印　饰：叶草纹薄意

尺　寸：1.8cm × 0.8cm × 2.2cm

◎怡庆堂记

材　质：火煨石

印　饰：灵芝寿桃浮雕

尺　寸：2.3cm × 2.3cm × 4.9cm

◎何所有

材　质：沉香

尺　寸：1.8cm × 0.9cm × 4.3cm

◎程永远章

材　质：紫檀木

印　钮：狮钮

尺　寸：2.9cm × 2.9cm × 2.9cm

◎古墨和云写旧山

材　质：寿山芙蓉

印　钮：古兽钮

边　款：丁丈敬身云　石之恶劣莫过于昌化　而此石质颇细润　予手勤不下数千方　未有如是者　信足宝也　桂山识于沪上

尺　寸：3.2cm×3.2cm×6.8cm

作　者：孙三锡

作者简介

孙三锡（约1779—1851），清代篆刻家，字桂山，桂珊、子宠，号怀叔，别号碧壶生、华南逸史，浙江平湖人。篆刻师陈鸿寿，浑朴遒劲，颇有韵致。博学好古，善鉴别。与文后山（鼎）、钱几山（善扬）、曹山彦（世模）被世人称为『嘉禾四山』或『鸳湖四山』。

◎求索

材　质：象牙

印　饰：梅花薄意

边　款：一、庚子十二月八日献父赵之琛戏墨

二、雪后玉枝懒　霜中玉蕊寒　前村留不得　移入月中看　庚子冬月次闲赵之琛刻

尺　寸：1.3cm × 1.2cm × 5.9cm

作　者：赵之琛

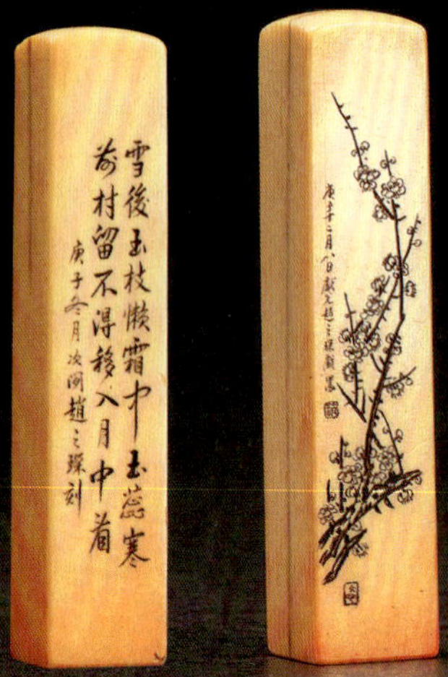

作者简介

赵之琛（1781—1860），字次闲，号献父，献甫，别号宝月山人，清末钱塘（今浙江杭州）人。篆刻以工整挺拔出之，尤以单刀著名，为陈鸿寿所推许，被视为学习浙派刻印的蹊径。著有《补罗迦室印谱》等。

◎镜泉所作

材　质：寿山石

边　款：壬午四月吉日次闲为镜泉作古玺法印也

尺　寸：2.2cm×1cm×2.3cm

作　者：赵之琛

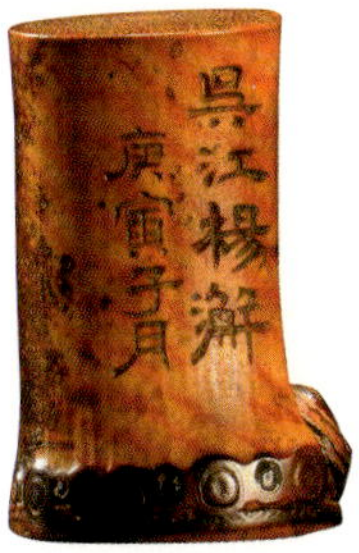

◎清心

材　质：竹节

边　款：吴江杨澥　庚寅子月

尺　寸：2.3cm×1.9cm×3.3cm

作　者：杨澥

作者简介

杨澥（1781—1850），原名海，字竹唐，号龙石，晚号野航，吴江（今属江苏）人。精于考据之学，篆刻学秦汉印，力矫妩媚之习，自有特色。

◎大吉大利

材质：寿山冻石

印钮：鹅钮

边款：龙石

尺寸：5.6cm×1.6cm×3.5cm

作者：杨澥

◎清白吏子孙

材　质：寿山高山

边　款：丙戌竹初

尺　寸：3.5cm × 1.6cm × 4.8cm

◎花间酌酒杯邀明月

材　质：寿山高山冻石

尺　寸：4.1cm × 4.1cm × 3.3cm

◎何子贞

材 质：寿山高山冻石

印 钮：古兽钮

尺 寸：1.5cm × 1.5cm × 5.4cm

印面主人简介

何绍基（1799—1873），字子贞，号东洲，晚号蝯叟，湖南道州（今道县）人。道光进士，官编修。书法卓然，自成一家，草书尤为一代之冠。

作者手稿

何子贞

第一次看到这方印章就被深深地吸引。只观表面，并无稀罕之处，但细细查看，该印寿山石质，兽钮，质地温润，自内而外渗透出一种自然的光泽和包浆，仿佛一种气质和身份，高贵典雅，内在深沉。作品功力精湛，神采焕然。印文"何子贞"，布局规整，神情贯一，"何"字独占一行，视觉上与"子贞"两字取得均衡，使得全印疏密关系既有对比又有协调。作品百看不厌，传递出经典的真谛。

据《中国美术家人名辞典》，何绍基（1799—1873），字子贞，号东洲居士，晚号蝯叟。湖南道州（今道县）人，道光16年（1836）进士，官编修。书法具颜真卿体，卓然自成一家，草书尤为一代之冠。晚年以篆、隶法写兰竹石，寥寥数笔，金石书卷之气盎然。

此印章得于马文涛处，是否为何绍基自用印，尚待考证。

2012年12月21日晚记于百印斋

◎妙契同尘

材质：寿山石

边款：道光丁酉张熊刊篆

尺寸：3cm×3cm×5cm

作者：张熊

作者简介

张熊（1803—1886），字寿甫，号子祥，别号鸳湖外史、西厢客等，秀水（今浙江嘉兴）人。早年移居上海，终身不仕，鬻画为生，是海派艺术的先驱人物，与朱熊、任熊并称『沪上三熊』。

◎仙苑　臣桂芬印（自用两面印）

材　质：寿山石

尺　寸：2.9cm×2.9cm×3.4cm

印面主人简介

冯桂芬（1809—1874），晚清思想家、散文家。字林一，号景亭，吴县（今江苏苏州）人，曾师从林则徐。少工骈文，中年后肆力古文，尤重经世致用之学。为改良主义先驱人物，最早表达了洋务运动『中体西用』的指导思想。著有《校邠庐抗议》《说文解字段注考证》《显志堂集》。

◎右台仙馆

材 质：寿山石

尺 寸：2.4cm×2.4cm3.3cm

印面主人简介

俞樾（1821—1907），字荫甫，号曲园居士，浙江德清人。清末著名学者、文学家、经学家、古文字学家、书法家。官翰林院编修、河南学政。著述丰富，代表作品《右台仙馆笔记》为俞樾晚年所作，全书十六卷，为学人小说之代表，是纪昀《阅微草堂笔记》之后清代笔记小说的又一力作。

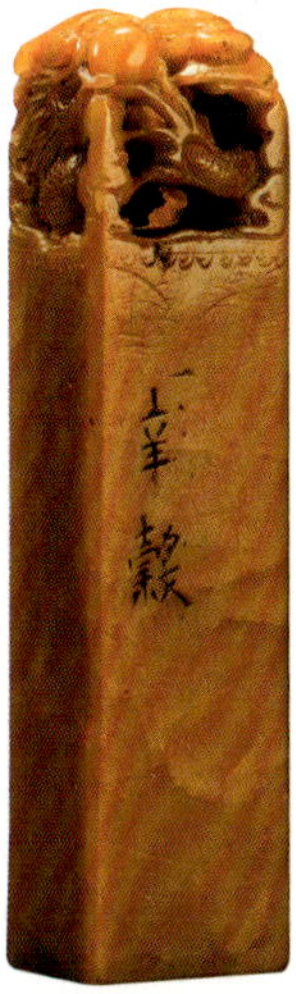

◎玺堂

材质：田黄

印钮：龙钮

边款：辛穀

尺寸：1.5cm×1.5cm×6cm

作者：徐三庚

作者简介

徐三庚（1826—1890），字辛穀，号井罍、袖海，别号金罍山民等，浙江上虞（今属绍兴上虞区）人。早期宗法浙派陈鸿寿、赵之琛，常用《吴天玺纪功碑》体势入印，中年变化为婀娜多姿，被誉为『吴带当风』。著有《金罍山民印存》二卷等。

◎枚生

材质：青玉

边款：悲盦

尺寸：2.3cm × 2.3cm × 3.5cm

作者：赵之谦

作者简介

赵之谦（1829—1884），初字益甫，号冷君，后改字撝叔，号悲盦、无闷，浙江会稽（今浙江绍兴）人。精篆刻，别创新格。印侧刻画像，亦属首创。

◎吉祥止止

材　质：寿山石

边　款：石佛庵主于丁酉三月自制

尺　寸：1.3cm × 1.3cm × 6.4cm

作　者：李嘉福

作者简介

李嘉福（1829—1894），字麓苹，号笙鱼，自署石佛庵主，浙江石门（今崇德）人，流寓吴县。精鉴赏，收藏极富。书法篆刻无一不精。

◎荣

材质：绿松石

印钮：古兽钮

尺寸：1.6cm×1.3cm×2.1cm

◎李学易章

材质：寿山冻石

印钮：双桥钮

边款：静观自得 老渔作

尺寸：2.1cm×1.7cm×2.8cm

◎秦国智印

材　质：黄杨木
印　钮：古兽钮
尺　寸：1.8cm × 1.5cm × 3.6cm

◎清气

材　质：寿山冻石
边　款：锦民　印□
尺　寸：1.5cm × 1cm × 4.6cm

◎文田手札

材　质：寿山石

边　款：癸酉年冬日于南海客居刻□道□刻□一笑广东文田记之

尺　寸：2.1cm×2.1cm×6.8cm

作　者：李文田

作者简介

李文田（1834—1895），字畬光，号若农、芍农，谥文诚，广东顺德人，是清代著名的蒙古史专家和碑学名家。入直南书房，官至礼部右侍郎、工部右侍郎。工书善画，勤于治学，著有《元秘史注》《元史地名考》等。

◎出门大吉

材质：琥珀

印钮：瓦钮

边款：硕卿先生属印癸未冬王尔度

尺寸：1.8cm×1.7cm×3.5cm

作者：王尔度

作者简介

王尔度（1837—1919），字顷波，清末暨阳（今江苏江阴）人。书法、篆刻均以邓石如为宗，极秀美。

◎桃柳主人

材质：紫砂

尺寸：4.1cm×1.5cm×2.4cm

◎皕砚斋

材质：木化石

尺寸：2.2cm×1.9cm×6.5cm

◎戊午经魁壬戌进士

材质：青田石

边款：癸酉秋又篆于薛萝山房王□仰

尺寸：4.8cm × 4.4cm × 3.8cm

◎罗鼎钦章

材质：寿山石

印钮：狮钮

边款：癸酉三月春仲日为罗翁製
印匊鄰于晚翠亭

尺寸：3.1cm × 3.1cm × 10cm

作者：胡钁

作者简介

胡钁（1840—1910），字匊鄰，号晚翠亭长，清末石门（今浙江崇德）人。篆刻宗法秦汉，用刀秀挺，突出笔意，气韵苍秀，布局极具匠心。

◎石墨楼主

材　质：红田

印　饰：如意纹

边　款：匑邻为苦父作　癸酉仲冬日

尺　寸：1.5cm×0.7cm×4.1cm

作者　：胡钁

◎室在云山

材质：青田石

印钮：荷蜗钮

边款：室在云山　恭度金承诰作

尺寸：3cm × 3.5cm × 6.5cm

作者：金承诰

作者简介

金承诰（1841—1919），字谨斋，号恭度，钱塘（今浙江杭州）人。善山水，工铁笔，喜仿汉人粗朱文，得浑厚之气。

◎素心兰室稿本

材质：寿山芙蓉

印钮：如意钮

边款：壬寅正月冷蝉作

尺寸：2.1cm × 0.6cm × 2.7cm

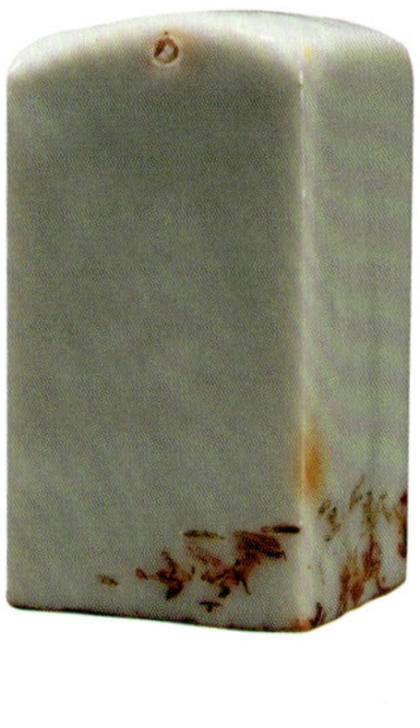

◎家盛之印

材质：瓷质

尺寸：2.5cm × 2.3cm × 4.4cm

◎彭城阿大

材 质：寿山高山

印 饰：古村薄意

尺 寸：2.5cm × 2.5cm × 4.8cm

◎少麐

材质：砗磲

印钮：古兽钮

尺寸：1.5cm × 0.8cm × 2.3cm

◎慎行

材质：寿山冻石

尺寸：1.7cm × 1.1cm × 2.8cm

◎古之人

材　质：陶质

尺　寸：1.6cm×0.7cm×2.8cm

◎兴

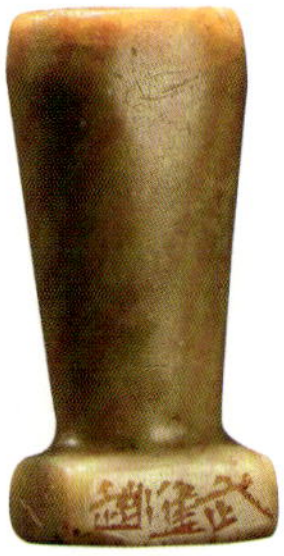

材　质：青田石

印　钮：直钮

边　款：武进赵穆

尺　寸：1.6cm×1.4cm×3.6cm

作　者：赵穆

作者简介

赵穆（1845—1894），晚清书画篆刻家。原名垣，字仲穆，又字穆父、牧父，号穆盦等，别署牧龛居士、琴鹤生等，昆陵（今江苏常州）人。工书法，尤精于篆刻，刀法沉着劲健，得朴茂雄浑之趣。

◎少彭

材质：青田石

印文：少彭

边款：仲穆仿汉

尺寸：2cm × 1cm × 2.2cm

作者：赵穆

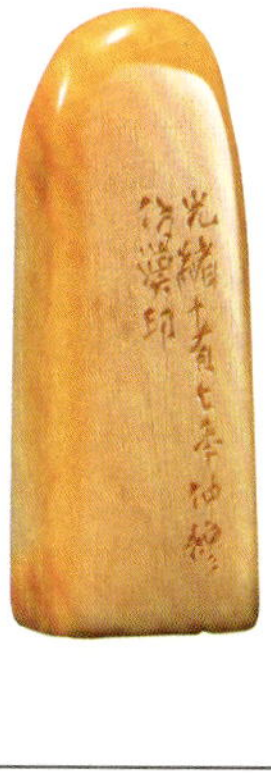

◎延年益寿

材质：寿山石

边款：光绪十有七年仲穆仿汉印

尺寸：1.6cm × 1.1cm × 4.2cm

作者：赵穆

◎藻馨私印　竹嵒（对章）

材　质：青田石

印　钮：古兽钮

边　款：甲寅夏日为竹嵒先生法家指疵　吴兴松坡刊

尺　寸：2.9cm × 2.9cm × 8.8cm × 2

作　者：贺涛

作者简介

贺涛（1849—1912），清末藏书家，字松坡，直隶武强（今属天津）人。光绪进士，徐世昌延其家，检校古籍数年，家为望族，累世藏书七万余卷，年有所增。

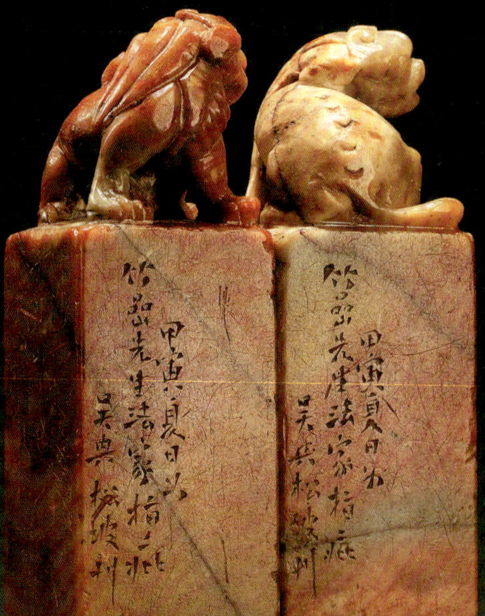

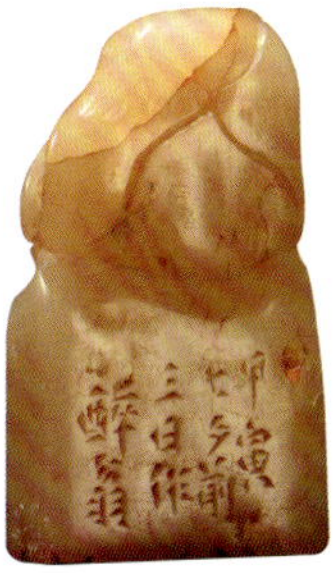

◎古欢

材　质：寿山冻石

印　钮：荷花钮

边　款：甲寅七夕前三日作　醉翁

尺　寸：2.2cm × 0.9cm × 3.7cm

◎超以象外

材　质：寿山芙蓉

边　款：子襄

尺　寸：2.5cm × 2.5cm × 4.8cm

作　者：吴文铸

作者简介

吴文铸，字子襄，活动于同治、光绪年间，安徽德州人，寄寓禾城。工铁笔分隶，兼写花果，濡染有致。

◎墨癖

材 质：竹根

尺 寸：2.6cm × 2cm × 4.9cm

◎慎言

材 质：竹节

尺 寸：3.1cm × 2.2cm × 7cm

◎聚珍堂印

材　质：寿山朱砂

边　款：时在丁酉秋日作于香海棠屋　禾桢

尺　寸：2.3cm × 2.3cm × 4.2cm

◎赵传宝印

材　质：楚石

尺　寸：2.6cm × 2.6cm × 4.6cm

◎隆吉之章 有邻仙史（对章）

材 质：寿山石

印 钮：狮钮

尺 寸：2.8cm×2.8cm×8.2cm×2

◎与金石交

材　质：寿山环冻

尺　寸：2.6cm × 1.3cm × 3.7cm

◎寿

材　质：寿山石

边　款：爽泉

尺　寸：2.9cm × 1.7cm × 7.4cm

◎□盦

材质：黄杨木

尺寸：3cm×2.8cm×1.7cm

◎刘嗣向记

材质：黄杨木

尺寸：3.8cm×3.8cm×3.2cm

◎自天佑之吉无不利

材　质：寿山高山

印　饰：古树古亭薄意

尺　寸：2.7cm × 2.7cm × 5.5cm

◎千秋金石情

材 质：寿山石

印 饰：深浮雕凤鸟纹

尺 寸：2.8cm×2.2cm×4.6cm

第四章　近现代

◎历尽艰难好做人

材　质：寿山冻石

印　钮：狻猊钮

边　款：壬子八月为梦坡先生属作古吴徐星州记

尺　寸：5cm×3.5cm×8.2cm

作　者：徐新周

作者简介

徐新周（1853—1925），字星舟，吴县（今江苏苏州）人。篆刻师法吴昌硕，苍劲有力，深得乃师衣钵。晚年游大江南北，名噪印林。辑刻有《耦花盦印存》等。

◎虚明轩

材　质：象牙

边　款：独舞依盘石　群飞动轻浪　奋迅碧沙前
　　　　长怀白云上　郑文焯　江南退士

尺　寸：1.9cm×1.9cm×6cm

作　者：郑文焯

作者简介

郑文焯（1856—1918），字俊臣，号小坡、叔问、大鹤山人，别署冷红词客、鹤公、鹤翁、鹤道人，奉天铁岭（今属辽宁）人，隶正黄旗汉军籍。工诗词，通音律，擅书画，懂医道，长于金石古器之鉴，尤工词，为『清季四大词人』之一，著作编为《大鹤山房全集》。

◎壁立千仞 平生辛苦 海纳百川 有容乃大 里仁为美

材 质：寿山石

边 款：岁在己酉立夏前二日暑夜作此印大鹤山人并记

尺 寸：3.4cm × 3.4cm × 3.4cm

作 者：郑文焯

◎珍藏之记

材　质：寿山高山冻石

印　钮：古兽钮

边　款：拟汉法蕙风

尺　寸：2.7cm × 1.7cm × 7.4cm

作　者：况周颐

作者简介

况周颐（1859—1926），原名周仪，字夔笙，号蕙风，又号樱痴、词癖等，广西临桂（今桂林）人。与王鹏运、朱孝臧、郑文焯合称『清季四大词人』。搜罗金石拓本颇富，一生与制印名家过从甚密。

◎景祥

材　质：昌化鸡血

边　款：白石刻于北京

尺　寸：1.8cm×1.8cm×6.8cm

作　者：齐白石

作者简介

齐白石（1864—1957），原名纯芝，字渭清。后更名璜，字濒生，号白石，别号借山吟馆主者、寄萍老人等，湖南湘潭人。书画自成一派，画名倾倒南北。篆刻奇肆朴茂，生辣有力。

庚辰中伏七四叟葉舟為仙槎老友治印

◎辛巳仙槎七十七　仙槎长乐（两面印）

材　质：楚石

边　款：庚辰中伏七四叟叶舟为仙槎老友治印

尺　寸：3.3cm × 3.3cm × 6.9cm

作　者：叶为铭

作者简介

叶为铭（1866—1948），西泠印社创始人之一。初名铭，字品三，号叶舟，原籍安徽徽州，世居浙江杭州。篆刻宗浙派，尤得僧六舟秘传。在编辑印人资料方面卓有成就，有《广印人传》十六卷等。

印面主人简介

钱安，字仙槎，别署清华、惜花氏，斋名映莲轩，安徽黟县人。为清末民初著名浅绛彩瓷画家。

◎延年益寿

材 质：象牙

印 饰：浮雕竹节纹饰

边 款：甲子六月罗振玉 叔言

尺 寸：2.3cm×2cm×6.8cm

作 者：罗振玉

作者简介

罗振玉（1866—1940），字叔蕴、一字叔言，号雪堂，晚号贞松老人，浙江上虞（今绍兴市上虞区）人，生于江苏淮安。中国近代考古学家、古文字学家、金石学家、农学家等，『甲骨四堂』之一。书法善篆、隶、楷、行，是创以甲骨文入书者之一。

◎静石

材　质：寿山石

边　款：石匏

尺　寸：2.3cm × 1.4cm × 2.5cm

◎图案印

材　质：花梨木

钮　饰：灵芝钮

尺　寸：4.5cm × 4.5cm × 1.6cm

◎有真意

材　质：楚石

印　钮：犬钮

边　款：山阴石泉

尺　寸：2cm × 2cm × 4cm

作　者：吴隐

作者简介

吴隐（1867—1922），原名金培，字石潜、石泉，号潜泉。浙江绍兴人。书工篆、隶，极古朴，善制印泥，曰『潜泉印泥』。1904年与丁仁、叶为铭、王禔创设西泠印社，得吴昌硕亲授。印风浑厚苍劲，古趣盎然。

◎读书观大意

材　质：寿山芙蓉

印　钮：古兽钮

边　款：已亥十月仿曼生司马意吴隐石潜作于海上

尺　寸：2.8cm×2.8cm×6.3cm

作　者：吴隐

◎萧然绝俗

材 质：煤精石

边 款：葛氏□兄属正 石农

尺 寸：4cm×3.5cm×4.9cm

作 者：赵古泥

作者简介

赵古泥（1874—1933），字石农，号古泥，别署泥道人，江苏常熟人。篆刻师法吴昌硕而别出心裁，自成面目，是『虞山印派』的重要传人。

◎一日千里

材　质：寿山芙蓉
印　钮：螭虎钮
边　款：壬午冬大年
尺　寸：3.9cm × 3.5cm × 5.6cm
作　者：童大年

作者简介

童大年（1874—1955），近现代书法篆刻家。江苏崇明（今属上海市）人，字心龛，号性函。西泠印社早期社员，其篆刻精致隽雅，形式多样，印路很广。

◎王震印

材　质：翡翠

尺　寸：2.9cm × 1.6cm × 2.1cm

◎汉唐韵室　嗜酒耽琴（两面印）

材　质：寿山石

尺　寸：2.6cm × 2.6cm × 6.3cm

◎家有楹书

材　质：青田石

印　饰：松石人物薄意

边　款：书徵先生属　乙卯嘉平月

安吉吴藏龛

尺　寸：3.8cm × 3.6cm × 8.8cm

作　者：吴涵

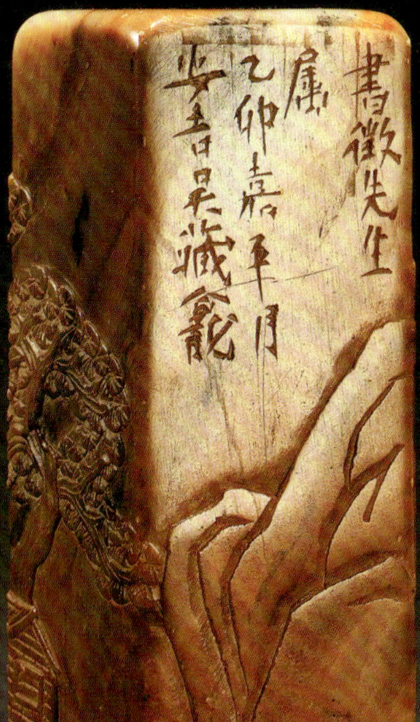

作者简介

吴涵（1876—1927）字子茹，号藏龛，浙江安吉人。吴昌硕次子，书画摹印，皆承家学。

◎乐而忘忧

材　质：田黄

印　钮：子母兽钮

边　款：甲子端阳藏堪居士

尺　寸：3cm × 3cm × 4.1cm

作　者：吴涵

◎放下便是

材质：竹根

印钮：蘑菇钮

边款：槐堂朽者刻

尺寸：2.8cm × 2cm × 4.5cm

作者：陈衡恪

作者简介

陈衡恪（1876—1923），著名美术家、艺术教育家。字师曾，以字行，号槐堂、朽道人，江西义宁（今修水）人。工篆刻、诗文和书法。长于绘画，是一位全才艺术家。

◎心如秋水三更月

材质：水晶

印钮：金刚杵钮

边款：叔同

尺寸：3.1cm×3.1cm×5.3cm

作者：李叔同

作者简介

李叔同（1880—1942），名文涛，字息霜，别号漱同，浙江平湖人。是我国著名音乐家、艺术教育家、书法家、戏剧家，是中国话剧的开拓者之一。后剃度为僧，法名演音，号弘一，晚号晚晴老人，后被人尊称为『弘一法师』。

◎尽美

材 质：竹根
印 钮：蘑菇钮
尺 寸：3.1cm × 2.1cm × 3.4cm

◎笙鱼清玩

材 质：竹根
印 钮：蘑菇钮
尺 寸：2.6cm × 2.6cm × 4.1cm

◎可怜少壮日　适在穷贱时

材　质：寿山石

印　钮：龟钮

边　款：同伯仁兄大人正属希教正之　壬午秋吴凤堦

尺　寸：4.2cm × 2.9cm × 3.8cm

◎神仙眷属

材　质：寿山高山冻石

印　饰：梅花薄意

边　款：仿作书徽法兄出以见示亟为识之

戊寅七月福厂王禔署

尺　寸：3.1cm×2.6cm×5.9cm

作　者：王福庵

作者简介

王福庵（1880—1960），近现代书画篆刻家，原名寿祺，字维季，号福厂（厂一作庵），自称印傭，晚号持默老人，浙江杭州人。西泠印社创始人之一。上海中国画院画师。工篆、隶书。刻印初师浙派各家，能得神髓，后兼及徽派，多吴熙载、赵之谦意。印风朴厚古拙，独步一时。

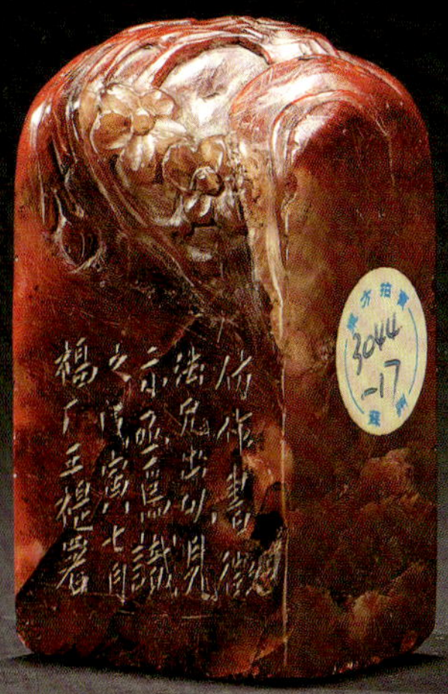

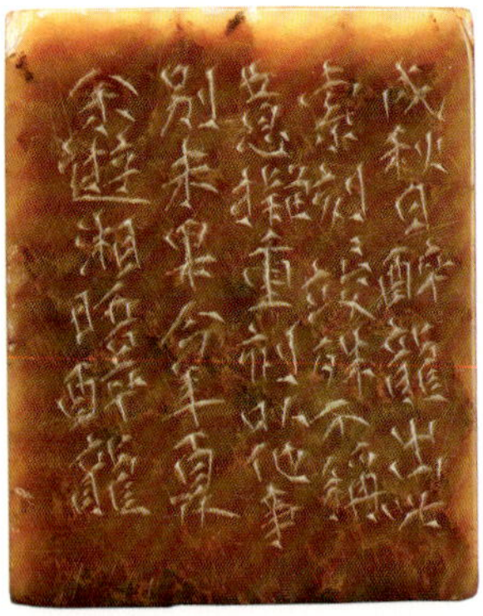

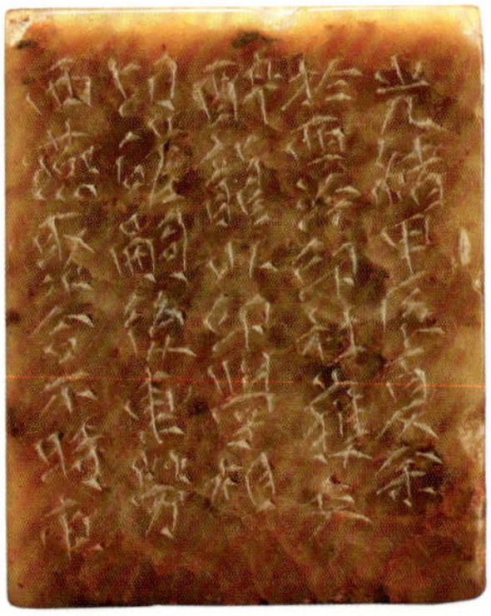

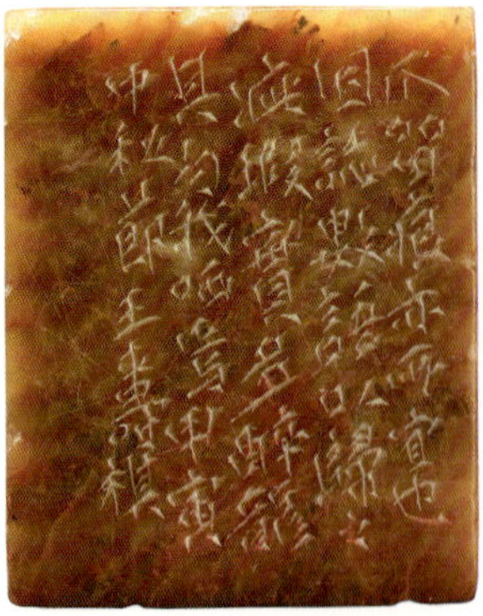

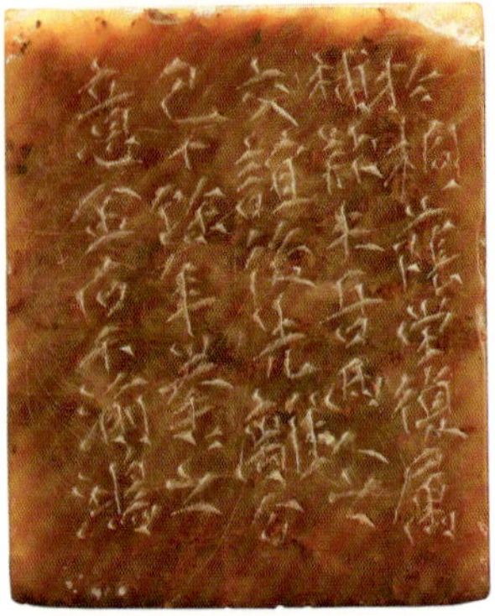

◎醉石山房

材　质：青田石

尺　寸：4cm×4cm×5cm

作　者：王福厂

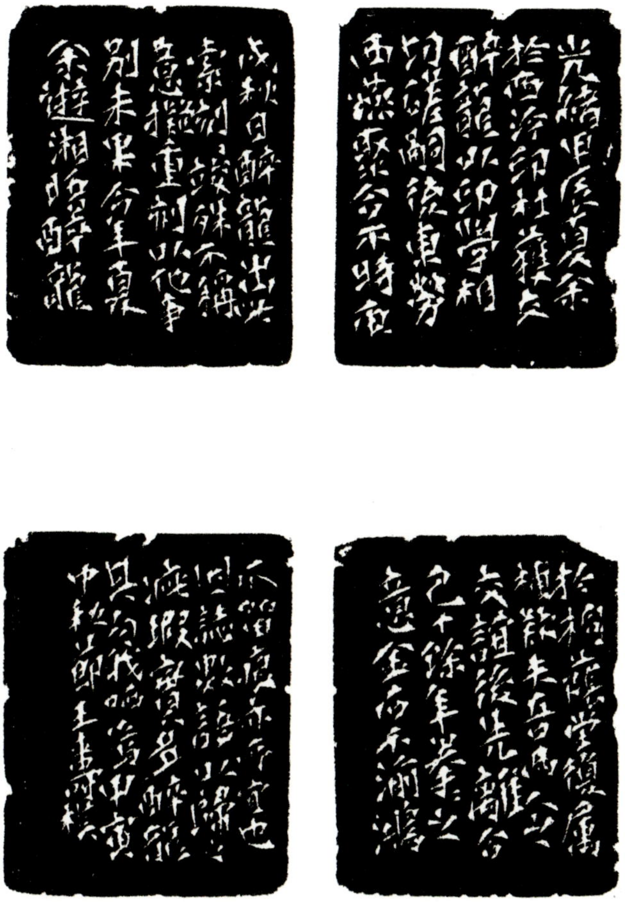

边　款：

光绪甲辰夏余　于西泠印社获交醉龙　以印学相切磋　嗣后东劳西燕　聚合不时　庚戌秋日　醉龙出此索刻　刻竣殊不称意　拟重刻　以他事别未果　今年夏　余游湘　晤醉龙于桐荫堂　复属补款　夫吾两人之交谊　后先离合已十余年　拳拳之意　金石不渝　鸿爪留痕　亦所宜也　因志（志）数语以归之　疵瑕实多　醉龙其勿我哂焉　甲寅中秋节　王寿祺

◎杨仲华

材　质：昌化鸡血

边　款：仲华仁兄属　樾丞刻

尺　寸：1.2cm × 1.2cm × 3.2cm

作　者：张樾丞

作者简介

张樾丞（1883—1961），名福荫，字樾丞，以字行。篆刻家，中华人民共和国开国大印的制作者，河北邢台新河人。于北平设同古堂刻印维生，也将刻铜艺术推向顶峰。

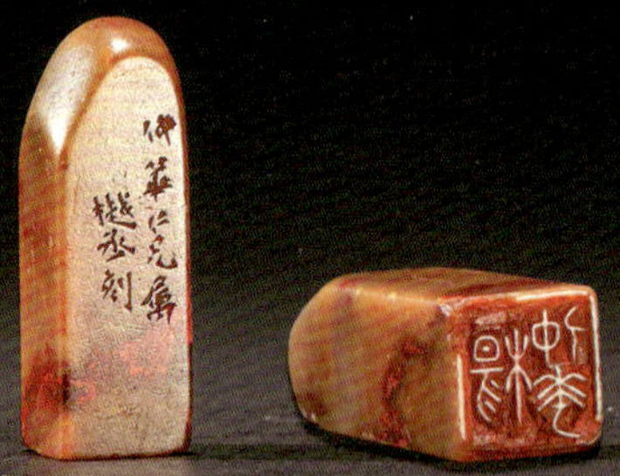

◎笑口常开

材　质：寿山冻石

印　钮：佛造像

边　款：石尊者

尺　寸：2.1cm × 2.1cm × 4cm

作　者：寿鉨

作者简介

寿鉨（1885—1950），又作寿玺，字石工，号印匄，别号珏庵、石尊者、南方墨者等，浙江会稽（今绍兴）人。善书法，又精鉴藏古墨，刻印得黄牧甫神韵。

◎南方墨者

材　质：寿山石
边　款：戊辰印匄自制
尺　寸：1.9cm×1.9cm×6.4cm
作　者：寿鉨

◎吉祥如意

材质：琥珀

印钮：古兽钮

边款：癸未二月寿石工

尺寸：1.7cm × 1.7cm × 4.4cm

作者：寿鉨

◎愿把兰亭比美人

材质：寿山石

印饰：浮雕喜鹊登枝

边款：戊寅秋七月迦盦製

尺寸：3cm×3cm×9cm

作者：陈摩

作者简介

陈摩（1886—1945），字迦盦、迦庵，别号迦蓝陀，江苏常熟人。画家，名重艺林。

◎柳亚子印

材　质：寿山石

印　饰：松石薄意

尺　寸：2.4cm×1.4cm×4.2cm

作　者：柳亚子

印面主人简介

柳亚子（1887—1958），原名慰高，字安如，更名人权，字亚庐，再改名弃疾，字稼轩，号亚子，吴江（今江苏苏州市吴江区）人。中国近现代政治家、民主人士、诗人。创办并主持南社，曾任孙中山总统府秘书。建国后，任中央人民政府委员、全国人大常委会委员、中央文史馆副馆长等职。

◎横绝峨眉

材　质：寿山石

尺　寸：3cm × 3cm × 4.3cm

◎颜高发印

材　质：寿山石

印　钮：古兽钮

尺　寸：1.1cm × 1.1cm × 2.6cm

◎芸窗余事

材　质：昌化鸡血

尺　寸：1.9cm × 0.8cm × 3.4cm

◎方寸千言

材质：寿山石

边款：方寸千言　此四字可以知篆刻此道之气象也刻后一记之　袁克文

尺寸：1.4cm×1.4cm×2.5cm

作者：袁克文

作者简介

袁克文（1890—1931），字豹岑，号寒云，河南项城人。昆曲名家，民国四公子之一，民国总统袁世凯的次子。长于诗文，工于书法，致力古钱币研究，极喜收藏古玩、书画。方地山为其撰写碑文：才华横溢君薄命，一世英明是鬼雄。

◎石缘

材　质：寿山冻石

印　钮：螭虎钮

边　款：戊戌三年七月　孟公爱石　每得美石大喜　作石缘方印敬也　中山居士刻

尺　寸：2.4cm × 1.5cm × 6.4cm

◎延陵

材　质：寿山石

印　饰：松石古亭薄意

尺　寸：4cm × 1.8cm × 5.2cm

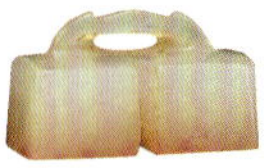

◎王治（连珠印）

材　质：白玉

印　钮：如意钮

尺　寸：2.2cm × 0.9cm × 1cm

◎大雅

材　质：翡翠

印　钮：桥钮

尺　寸：1.8cm × 1.2cm × 1.7cm

◎孔祥熙

材质：田黄

印钮：螭虎钮

边款：大壮篆

尺寸：2cm×2cm×2cm

作者：乔大壮

作者简介

乔大壮（1892—1948），近代著名词人，篆刻家。原名曾劬，字大壮，以字行，亦字壮殹，四川华阳（今双流县）人。精于篆刻，上摹秦汉，下承黄士陵一路，风骨古俏，与齐白石并称为『南乔北齐』。

印面主人简介

孔祥熙（1880—1967），字庸之，山西太谷人，祖籍山东曲阜，孔子第七十五世孙。中华民国国民政府行政院长兼财政部长。孔祥熙妻子为宋霭龄，与宋子文、蒋介石为姻亲关系。

◎罗家伦印

材　质：乌鸦皮田黄

印　钮：桥钮

边　款：壮殴为家伦先生刻

尺　寸：1.6cm × 1.5cm × 1.7cm

作　者：乔大壮

印面主人简介

罗家伦（1897—1969），字志希，浙江绍兴人。五四运动中的学生领袖。曾任清华大学、中央大学校长等职。

◎愿得黄金三百万交尽美人名士更结尽燕邯侠子

材　质：寿山石

印　钮：古兽钮

边　款：庚寅八月秋石门白氏云亭作于云亦山房

尺　寸：3cm × 3cm × 5.2cm

作　者：白云亭

◎隅山农

材质：昌化鸡血

边款：玉成先生属北京张志鱼
家炎　二壶

尺寸：1.3cm × 1.3cm × 3.6cm

作者：张志鱼

作者简介

张志鱼（1893—1961），又作张志渔，字瘦梅，号通玄，北京人。善书画、治印，最精于刻竹，造诣极深，是近代北京刻竹第一高手。

◎□□

材　质：铜质

印　钮：提梁钮

尺　寸：2cm × 1.4cm × 3.1cm

◎□炳霖

材　质：铝

边　款：汪大铁制

尺　寸：1.9cm × 1.9cm × 7.2cm

作　者：汪大铁

作者简介

汪大铁（1900—?），民国时期著名篆刻家，江苏无锡人，斋堂为芝兰草堂。赵古泥弟子，富收藏。治印从汉印入手，旁及宋元，以仿汉最精。

◎翁

材　质：寿山石

边　款：时光绪廿七年天津同益刊

尺　寸：1.2cm × 1.1cm × 3.2cm

◎秀记

材质：水晶

边款：刘公伯刻

尺寸：1.2cm×1.2cm×3cm

作者：刘公伯

作者简介

刘公伯（1900—1967），江苏武进人。少时即师从名家学习刻字，20岁时寓居上海。刀法别致，他人很难模拟，所刻水晶、玛瑙印尤为驰名，被称为『刘派』。

◎驾长虹

材　质：寿山高山硃砂

印　饰：凤鸟薄意

边　款：介堪

尺　寸：2.7cm×2.7cm×7.4cm

作　者：方介堪

作者简介

方介堪（1901—1987），原名文集，更名岩，字介堪，以字行，号玉篆楼主，晚号蝉园老人，浙江永嘉人。篆刻宗秦汉、古玺，尤善鸟虫篆入印。著有《玺印文综》。

◎风满小亭洗尽闲愁

材　质：寿山石

印　钮：子母狮钮

边　款：乙亥六月登安

尺　寸：3.8cm × 3.8cm × 9cm

作　者：韩登安

作者简介

韩登安（1905—1976）原名競，字登安，以字行，浙江萧山（今属杭州）人，世居杭州，嗜好金石书画。篆刻功力深厚，取法浙宗。

◎何品珪

材 质：寿山石

边 款：己卯长夏芝龛为仲玉先生仿汉 登安刻款时同客方嵒

尺 寸：1.5cm × 1.5cm × 5.2cm

作 者：韩登安

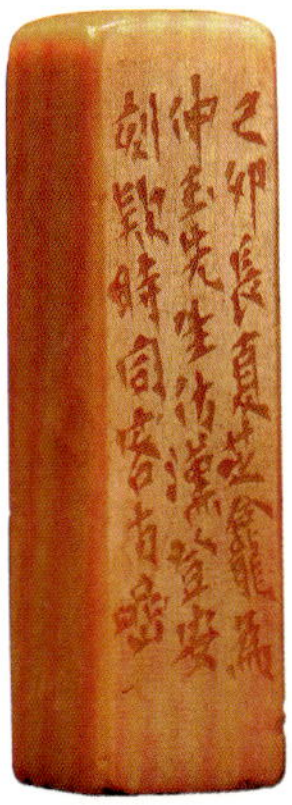

◎廉慎勤敏

材质：寿山芙蓉

印钮：狮钮

边款：作汉印宜笔往圆神存而方
蒙泉外史语也　韩登安记

尺寸：3.3cm × 2.3cm × 13.1cm

作者：韩登安

◎朱荣

材 质：缅茄

尺 寸：2.2cm×1.2cm×3.1cm

◎姚嵩

材 质：象牙

尺 寸：1.3cm×1.3cm×7.1cm

◎怀古

材 质：象牙

边 款：巨来

尺 寸：1.5cm × 1.5cm × 5.8cm

作 者：陈巨来

作者简介

陈巨来（1905—1984），名斝，字巨来，以字行，号墉斋、安持，浙江平湖人，为赵叔儒弟子。刻印功力深厚，工致典雅。著有《安持精舍印话》二卷等。

◎长乐

材 质：寿山冻石

印 饰：松石薄意

边 款：文泉先生大雅□□年中秋之日 山人□长

尺 寸：2.9cm × 1.3cm × 5.2cm

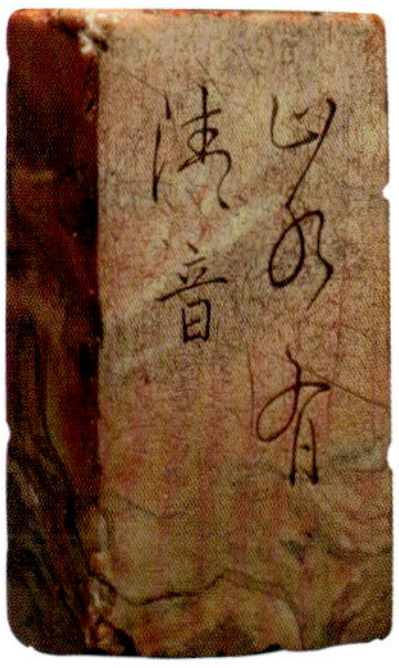

◎淡泊以明志

材　质：寿山石

边　款：山水有清音

尺　寸：2.4cm × 1.4cm × 4.3cm

◎□□

材　质：寿山石

尺　寸：2.5cm × 2.5cm × 5.4cm

◎心作心是

材质：寿山石

印钮：圆雕佛造像

边款：心作心是　寒月刻

尺寸：2.8cm×1.4cm×6cm

作者：张寒月

作者简介

张寒月（1906—2005），本名政，字莲光，又字兆麟，别署寒月斋主，江苏苏州人。其篆刻丰茂完博，醇厚庄重。出版有《寒月斋主印存》《鲁迅笔名印谱》等。

◎十里松阴百道泉

材　质：沉香

印　钮：高山古树圆雕

尺　寸：5.6cm×3.3cm×8.8cm

◎子渔

材 质：寿山石

边 款：君匋

尺 寸：4.1cm×4.1cm×6cm

作 者：钱君匋

作者简介

钱君匋（1907—1998），字豫堂，号午斋，室名天倦苦斋、抱华精舍，浙江桐乡人。善丹青，工书法，尤善汉简、草书，篆刻宗法秦汉玺印。辑有《豫堂藏印甲集》等。

◎半（伴）田居

材　质：瓜蒂

尺　寸：3.3cm×3.3cm×2.9cm

◎皆大欢喜

材　质：犀角

印　钮：麒麟钮

尺　寸：3.8cm×2.7cm×7.5cm

◎冰庵

材　质：青田石

印　钮：寿桃钮

边　款：冰庵

尺　寸：1.4cm×1.4cm×5.8cm

作　者：刘冰庵

作者简介

刘冰庵（1910—1973），名庆祚，号冰庵，辽宁熊岳人，著名书法家和篆刻家，齐白石最得意弟子之一。真、草、隶、篆皆工，书法凸现齐派神韵，篆刻领现代篆刻风范，有『继承齐派治印艺术第一人』的称誉。

◎胸有意

材　质：寿山芙蓉

边　款：郑乃珖作于福州画院

尺　寸：1.4cm × 1.4cm × 5.6cm

作　者：郑乃珖

作者简介

郑乃珖（1911—2005），号璧寿翁，福建福州人。当代著名画家、艺术教育家，曾任福建省文史馆副馆长、福建省美协副主席、福州市美协主席、福州画院院长。

◎东方美术社

材 质：昌化鸡血

尺 寸：1.8cm×1.8cm×6cm

作 者：陈石濑（传）

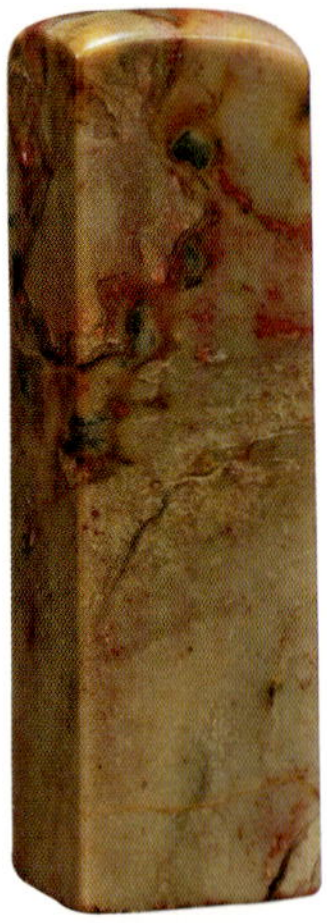

作者简介

陈石濑（1913—2001），字号尹生、绿天居士，浙江黄岩人。上海市文史馆馆员，上海新华艺专校友会副秘书长。30年初，即成为由齐白石、徐悲鸿、郑午昌、朱屺瞻等组成的『中国画会』成员。擅书画、篆刻、鉴定。

◎千里冰封

材　质：寿山石

印　钮：古兽钮

边　款：甲寅年七月　李逢

尺　寸：1.6cm×1.6cm×4.5cm

作　者：李白凤

作者简介

李白凤（1914—1978），原名李爱贤，笔名李逢。祖籍北京，生于四川，定居开封。我国现代著名学者、书法家、篆刻家、作家、诗人、教授。其篆刻尤精金文，出入周、秦之间，格调古雅。

◎尚古

材　质：田黄

印　钮：古兽钮

边　款：李逢

尺　寸：1.2cm×1.2cm×3.5cm

作　者：李白凤

◎金石契

材　质：寿山冻石

印　钮：古兽钮

边　款：甲寅年七月李逢

尺　寸：1.1cm×1.1cm×6cm

作　者：李白凤

◎味禅

材质：昌化鸡血

边款：李逢

尺寸：2.6cm×1.1cm×2.7cm

作者：李白凤

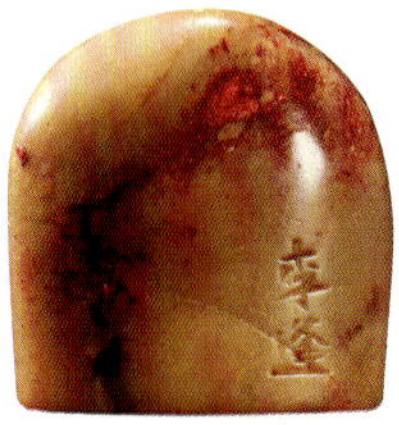

◎宜有百万

材　质：寿山冻石

边　款：宜有百万　一九七四年十月　左黄刻

尺　寸：1.6cm × 1.6cm × 4.2cm

作　者：陈左黄

作者简介

陈左黄（1918—2015），西泠印人，济南篆刻三把刀之首，与宗惟成、蒋维崧、高小岩、魏启后诸位先生并称『山东五老』。

◎春雪

材质：沉香

印钮：象钮

边款：大川

尺寸：3.7cm×1.9cm×3.1cm

作者：邓大川

作者简介

邓大川（1919—1982），别署邓达、达川，江苏无锡人。工书，善篆刻。初由其舅父陶寿伯亲授治印，后师张石园，与方介堪、邓散木等齐名。

◎清吟

材质：寿山石

印钮：佛造像

边款：瘦石刻之

尺寸：2.2cm × 1.4cm × 6cm

作者：尹瘦石

作者简介

尹瘦石（1919—1998），江苏宜兴人，著名书画艺术家。人物画以形写神，书法气势宏伟，遒峻内蕴。曾任中国美协内蒙古分会主席、北京画院副院长、中国文联副主席等。

◎张兰斋印

材　质：黄杨木

尺　寸：2.6cm×2.6cm×3.2cm

◎应麓文　□□（两面印）

材　质：寿山石

尺　寸：1.7cm×1.7cm×2.4cm

◎大寿

材质：寿山石

印钮：螭虎钮

边款：君美

尺寸：2.3cm×2.3cm×5.3cm

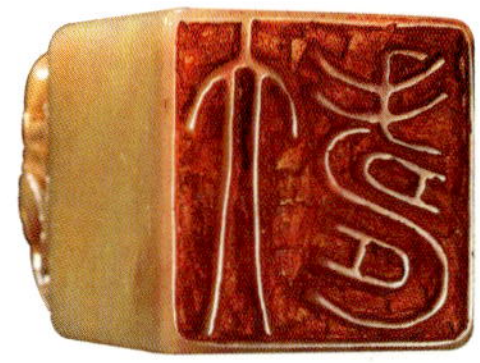

◎梅坪

材　质：竹根

尺　寸：5cm×4.8cm×2.9cm

◎存义

材　质：红珊瑚

印　钮：树枝随形

尺　寸：1.3cm × 1.1cm × 3.2cm

◎□□

材 质：牛角

尺 寸：1cm × 1cm × 0.4cm

◎荣

材 质：海柳

印 钮：树枝随形

尺 寸：0.9cm × 0.8cm × 4.2cm

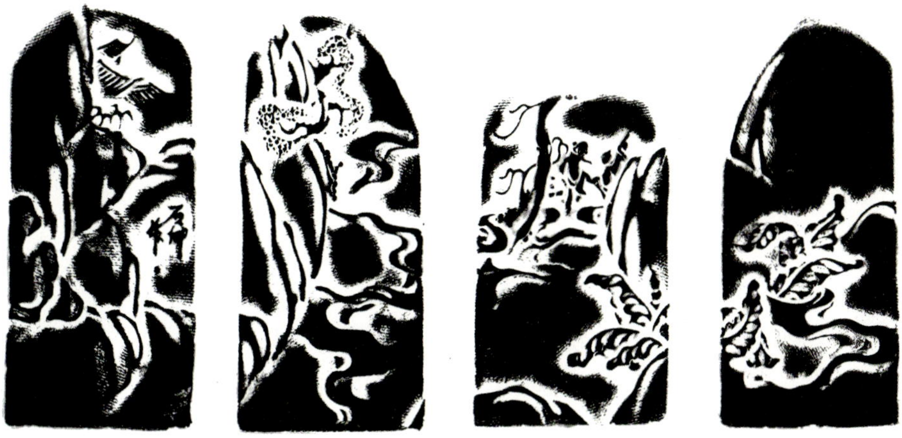

◎敦复堂项

材 质：寿山石

印 饰：山水人物薄意

边 款：石卿作

尺 寸：2.8cm × 2.8cm × 6.2cm

作 者：郭懋介

作者简介

郭懋介（1924—2013），字石卿，福建福州人。出身东门派，圆雕与薄意皆擅，当代寿山石雕刻之泰斗。

◎万荷堂主

材　质：陶质

尺　寸：6cm × 6cm × 2.6cm

印面主人简介

黄永玉，万荷堂主主人，1924年出生于湖南常德县（今常德市鼎城区），祖籍为湖南省凤凰县城，土家族人。自学美术、文学，为一代『鬼才』，在版画、中国画、雕塑、文学、建筑、邮票设计等方面都有成就，在海内外享誉甚高。有《黄永玉全集》出版。

◎心香

材质：寿山石

印钮：圆浮雕竹节纹饰

尺寸：1.8cm × 0.8cm × 3.2cm

◎天盛字号　堇封（两面印）

材　质：牛角

尺　寸：1.9cm × 1.9cm × 1.7cm

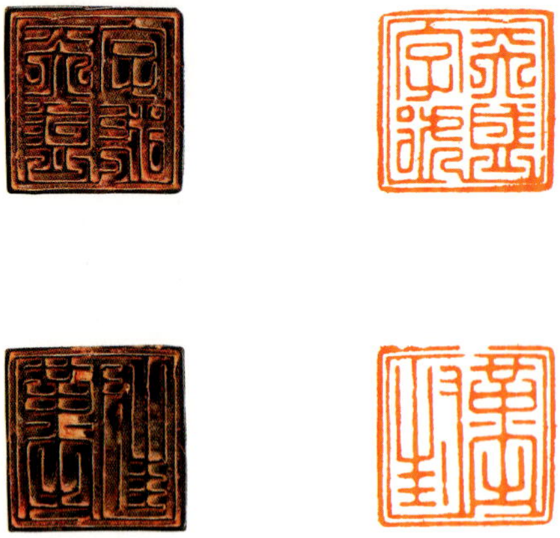

◎梅花草堂

材质：青田石

印钮：鼻钮

边款：梅花草堂

尺寸：2.5cm × 2.5cm × 1.7cm

◎带燥方润

材 质：寿山石

边 款：丙辰三月桑凡

尺 寸：2.5cm×2.5cm×4.8cm

作 者：桑凡

作者简介

桑凡，号庸堂、壶公，1931年5月生，浙江绍兴人。曾任河南省书协副主席、开封市书协副主席、河南省文史研究馆馆员，与寓居开封之李白凤、武慕姚同尚篆隶，书名满天下。善篆刻，其篆法精工，布局典雅。

◎曹植洛神赋句

材　质：青田石

尺　寸：2.5cm × 1.3cm × 3.8cm

作　者：桑凡

◎开封工艺

材质：寿山石

顶款：开封工艺

边款：桑凡

尺寸：3.1cm×2cm×4.2cm

作者：桑凡

◎富贵

材质：玉

印钮：鼻钮

尺寸：2.1cm×2.1cm×2.2cm

◎梅兰吐秀

材　质：寿山石

尺　寸：3.1cm × 2.1cm × 4.4cm

◎王耀轩印

材 质：象牙

印 钮：狮钮

尺 寸：1.6cm×1cm×5.3cm

◎王子百印

材 质：象牙

边 款：子百仁兄存念 弟王锡蕃赠于 津门客次

尺 寸：1.9cm×1.9cm×4.3cm

◎朱光康印

材　质：象牙

印　钮：狮钮

尺　寸：1.8cm×1.8cm×3.1cm

◎成达图记

材　质：象牙

印　钮：狮钮

边　款：梅石

尺　寸：1.8cm×1.8cm×5.2cm

◎从道

材　质：花梨木

尺　寸：2cm × 1.8cm × 5.8cm

◎京城恒利钱庄凭

材　质：红木

尺　寸：6cm × 1.1cm × 2.7cm

◎张克有章

材 质：铜质

印 钮：鼻钮

尺 寸：1.5cm × 1.5cm × 3.5cm

◎王柏泉印

材 质：铜质

印 钮：鼻钮

尺 寸：1.6cm × 1.6cm × 3.8cm

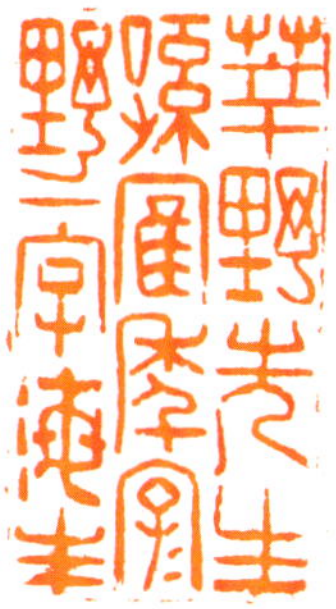

◎莘野先生孙鹤年字子野一字海生

材　质：寿山石

尺　寸：4cm×2.3cm×2cm

◎一日思君十二时
护封（两面印）

材　质：寿山石

边　款：乙亥仲春制于听香读月之斋

尺　寸：2.1cm × 2.1cm × 1.9cm

◎续印 幽谷 国昌之印

字伯明（多面印）

材 质：寿山石

尺 寸：1.9cm×1.7cm×1.5cm

◎墨盦

材　质：青田石

尺　寸：1.8cm × 1.8cm × 2.3cm

◎张志书

材　质：寿山石

印　钮：螭虎钮

尺　寸：1.8cm × 1.6cm × 4.2cm

◎梅崎

材 质：水晶

尺 寸：1.3cm × 1.3cm × 5.5cm

◎张鹗

材　质：黄杨木

尺　寸：1.2cm×1.2cm×3.5cm

◎要菴

材　质：黄杨木

印　钮：直钮

尺　寸：2.7cm×2.5cm×3.4cm

◎复归于朴

材　质：寿山石

印　饰：古松茅屋簿意

边　款：万物归元　清幽山人

尺　寸：2.5cm×2.5cm×8.5cm

◎拾手金锁

材 质：黄杨木

印 钮：桥钮

尺 寸：5.5cm × 5.5cm × 2cm

◎图案印

材　质：黄杨木

尺　寸：4.5cm×4.5cm×4.5cm

◎反□楼主人　名教之中自有乐地（两面印）

材　质：青田石

尺　寸：3.6cm × 3.3cm × 2.5cm

◎郑斋所藏

材　质：水晶

印　钮：覆斗钮

尺　寸：2.2cm×2.2cm×5.8cm

◎日有一泉惟买书

材　质：寿山石

印　饰：浮雕松树人物

边　款：二十八年踵息道人法式善制

尺　寸：2.5cm×2.5cm×9.1cm

作　者：胡寿颐

作者简介

胡寿颐，字梅仙，号耆仲，因足疾，又号踵息道人，浙江山阴人。同治丁卯举人，官兵部郎中。著有《洗斋病学草》拟存诗二卷。

◎戴荣富

材　质：牛角

尺　寸：1.2cm×1.2cm×5.2cm

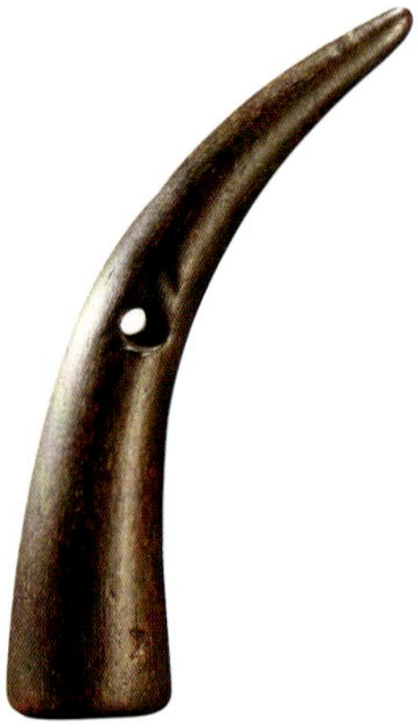

◎旺

材　质：牛角

尺　寸：0.9cm×0.6cm×4.7cm

◎□水

材质：寿山石

尺寸：0.8cm×0.5cm×2.5cm

◎足利

材质：象牙

印钮：鼻钮

尺寸：0.9cm×0.9cm×0.5cm

◎李鸿志

材　质：水晶

尺　寸：1.5cm×1.5cm×5.3cm

◎悟妙

材　质：青田石

尺　寸：1.2cm × 0.5cm × 5.1cm

◎绳如

材　质：昌化鸡血

尺　寸：0.9cm × 0.9cm × 4.4cm

◎长生

材　质：象牙

尺　寸：0.6cm×0.6cm×6.2cm

◎倪

材　质：黄杨木

尺　寸：0.7cm×0.5cm×5.5cm

◎ **邓绮堂印**

材　质：寿山冻石

印　饰：深浮雕双鱼纹饰

尺　寸：2cm × 2cm × 6.4cm

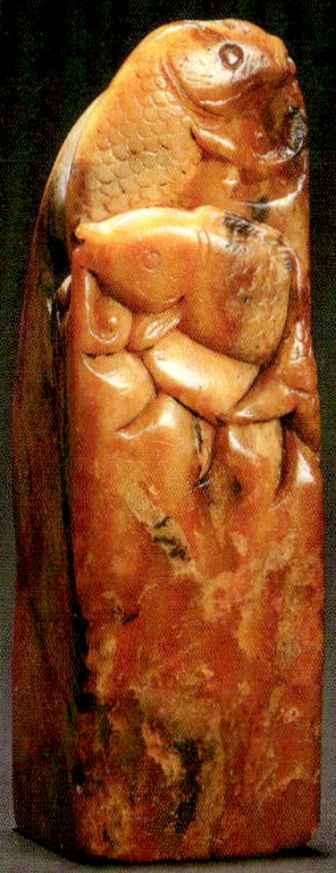

◎吉祥

材 质：水晶

印 钮：桥钮

尺 寸：1.4cm×1.4cm×1.4cm

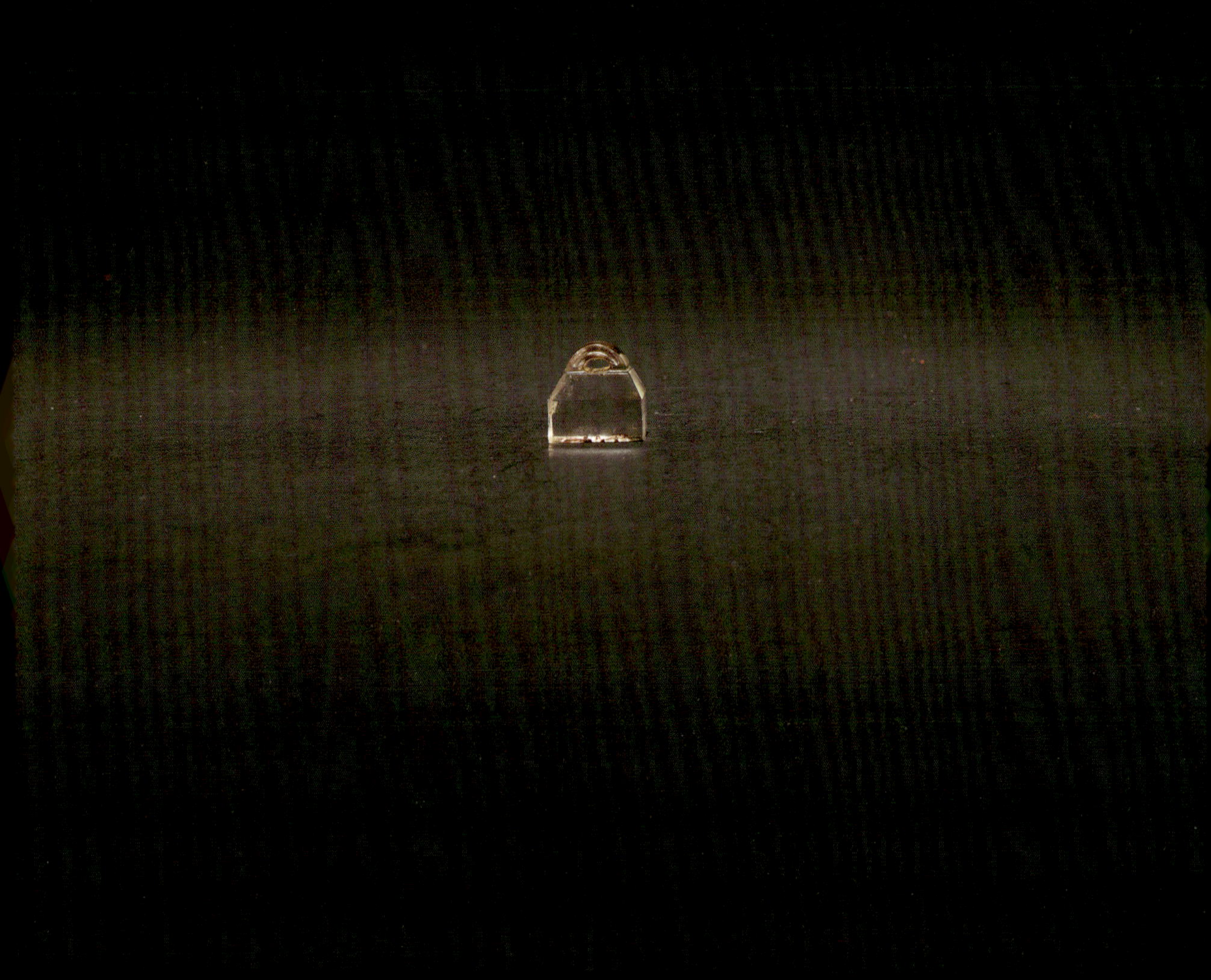

◎捴　□□（两面印）

材　质：黄杨木

尺　寸：1.6cm×1.6cm×9.5cm

◎家住桃花涧水边

材 质：寿山高山

尺 寸：3.9cm × 2cm × 8.1cm

◎道在何居

材质：煤精石

印钮：古兽钮

边款：辛巳小春葛子谅作

尺寸：3cm × 3cm × 3.7cm

作者：葛子谅

作者简介

葛贞，字子谅，号半闳，浙江平湖人，寓居沪上。善书法，尤精篆刻。治印严谨有方，性喜随刻随予人。著名书画家张大壮、乔木、沈柔坚等用印皆出其手。1956 年曾参与集体创作《鲁迅笔名印谱》。

◎水□狂人 □（两面印）

材 质：寿山石

尺 寸：2.1cm × 1.7cm × 2.1cm

◎沈鸿仁藏书画之印

材　质：寿山石

印　饰：二龙戏珠圆雕

尺　寸：7.9cm × 2.9cm × 5.1cm

◎钱淑英印

材　质：血珀

尺　寸：2.3cm × 2.3cm × 2.3cm

◎李旭阳　赵兴湖

材　质：黄杨木

边　款：□□印馆主人手刊

尺　寸：1.4cm × 1.4cm × 6.7cm

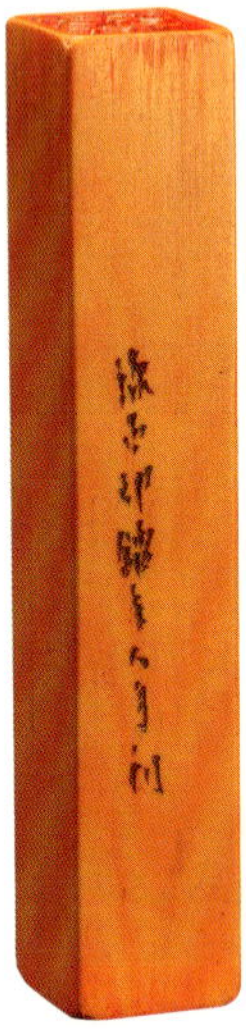

◎陈熙印信

材　质：花梨木

尺　寸：2.3cm×2cm×5.1cm

◎郑

材 质：寿山石

边 款：国府还都纪念日焕复于管城
象乾弟属刻卅五年五月五日

尺 寸：0.8cm × 0.8cm × 2.3cm

◎邱瑞生印

材 质：陶瓷

印 钮：犬钮

尺 寸：1.8cm × 1.3cm × 3.5cm

◎孙书简

材　质：象牙

印　饰：松石人物薄意

边　款：花香　清远大兄雅玩民卅七年春寿山赠山左子和题于郑州

尺　寸：1.4cm×1.4cm×8cm

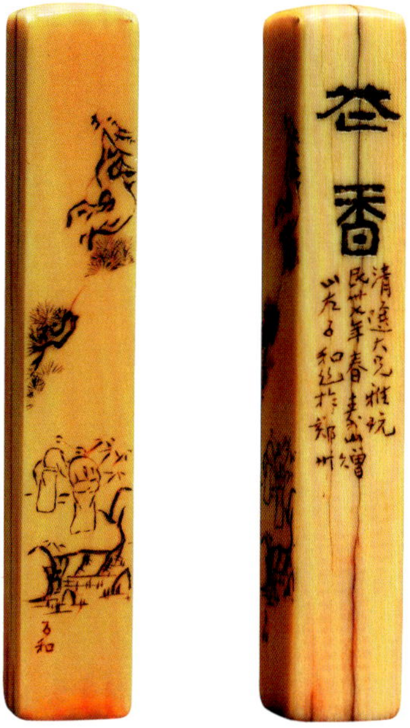

◎画奴

材　质：寿山石

尺　寸：2.5cm × 1.2cm × 3.3cm

◎半日闲

材质：翡翠

印钮：古兽钮

尺寸：2.2cm×1.4cm×3cm

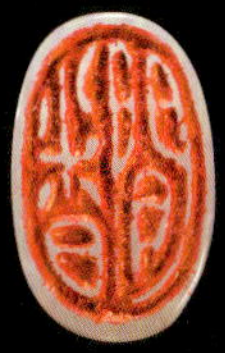

◎曹经猷印　麟之（两面印）

材　质：寿山芙蓉

尺　寸：1.9cm×1.9cm×6.7cm

第五章 当代

◎虚怀若谷

材 质：寿山石

尺 寸：2.2cm×1.4cm×4.2cm

◎茶新墨旧

材 质：寿山冻石

尺 寸：3.2cm×0.9cm×3cm

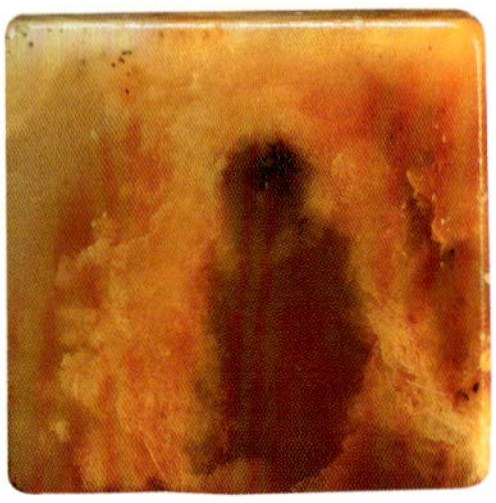

◎**荥阳**

材　质：青田石

印　钮：螭虎钮

边　款：庚午三月既望衍方刻石并记于沪

尺　寸：3.3cm×2cm×4.6cm

作　者：童衍方

作者简介

童衍方，1946 年生，浙江宁海人，号晏方，别署宝壁斋、爱竹庐，师从来楚生。现为上海中国画院画师、西泠印社副社长兼鉴定与收藏研究室主任，中国书法家协会篆刻艺术委员会委员、上海书法家协会篆刻委员会副主任兼秘书长、上海书法家协会顾问。篆刻雄健朴厚，古拙奇肆。

◎张欣然印

材　质：昌化鸡血

边　款：欣然先生雅属　辛未五月刚田制

尺　寸：2.5cm × 2.5cm × 9.1cm

作　者：李刚田

作者简介

李刚田，1946年3月生，河南洛阳人，号仓叟，室名宽斋、石鱼斋、玉泉精舍。现为西泠印社副社长，郑州大学书法学院特聘教授，博士生导师。多次被聘为全国重要书法篆刻活动的评审委员。出版专著四十余种，获第五届中国书法『兰亭奖』艺术奖。曾任《中国书法》杂志主编。篆刻刚健雄浑，质朴厚重。

◎赵子美印

材质：青田石

边款：辛酉刚田

尺寸：1.1cm × 1.1cm × 5cm

作者：李刚田

印面主人简介

赵子美（1920—？），山东莱芜人，中国书法家协会会员，郑州市书法家协会主席。书宗『二王』，擅行草，跌宕多姿。

花好月圓人壽
己丑之夏李剛田製

◎花好月圆人寿

材　质：寿山石

印　钮：螭龙钮

边　款：花好月圆人寿　己丑之夏李刚田制

尺　寸：3.6cm×3.6cm×10.1cm

作　者：李刚田

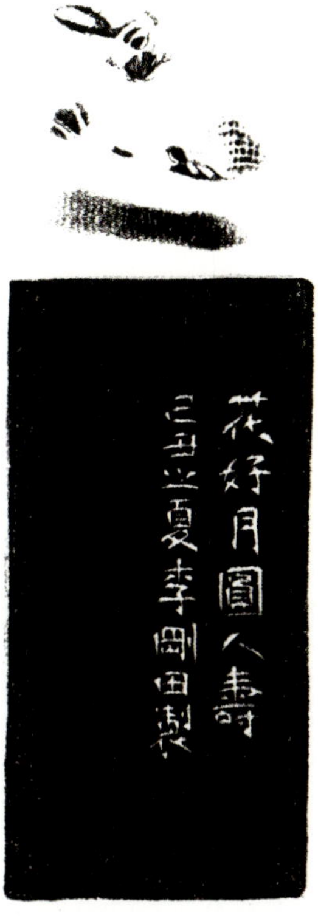

己卯十月梅

◎撷均

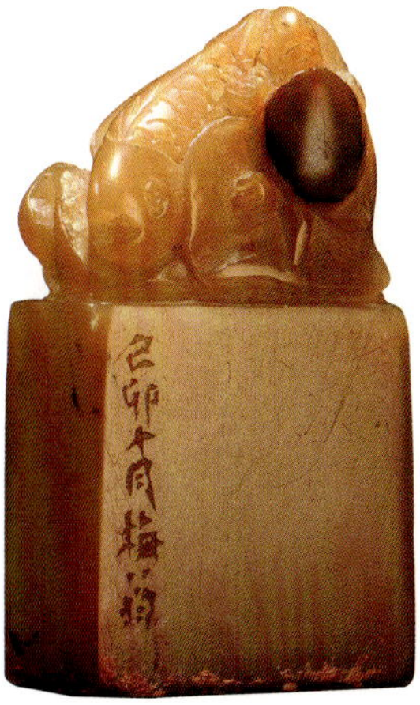

材　质：寿山冻石

印　钮：龟鱼钮

边　款：己卯十月梅翁

尺　寸：3.3cm × 1.8cm × 5.8cm

作　者：吉欣璋

作者简介

吉欣璋，字笑然，别署梅翁，1946 年 5 月生，河南郑州汜水人。河南省书画院专业书法家，中国书法家协会会员，河南省书法家协会常务理事。诗书画印皆善。其治印，磨合于秦汉古制与明清流派间，清正雅健。出版有《篆刻初步》（合著）、《淡茶与浓茶》《畸零人》等。

◎永受嘉福

材质：青田冻石

印文：古兽钮

边款：癸未年仲林刻

尺寸：3cm×3cm×5cm

作者：查仲林

作者简介

查仲林（1952—2009），安徽铜陵人，号镜堂。著名书法篆刻家，篆刻雄浑古朴，独标高格。

◎玉堂富贵　永受嘉福

材　质：青田石

边　款：一、仲林刊　二、仲林刊

尺　寸：3cm×3.6cm×6.2cm×2

作　者：查仲林

◎写我胸怀

材　质：寿山高山

边　款：丁丑仲林

尺　寸：3.3cm × 3.3cm × 5.1cm

作　者：查仲林

◎畅神

材　质：寿山石

边　款：畅神　癸未春仲林刻

尺　寸：3.7cm × 1.8cm × 6cm

作　者：查仲林

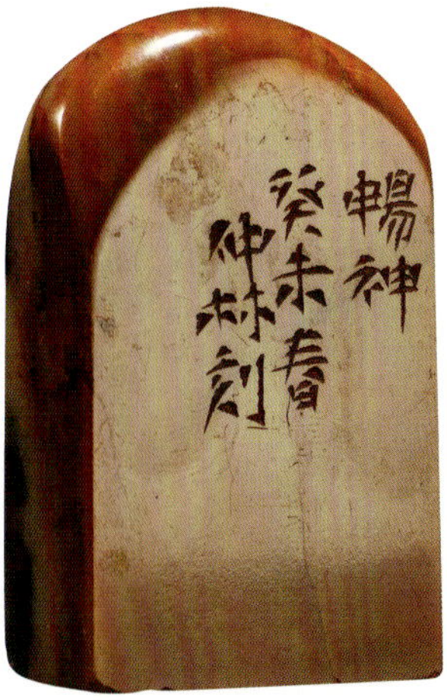

◎知进退守方圆

材质：寿山冻石

印钮：龙戏珠钮

边款：辛巳 刻于东里书院 仲林记之

尺寸：4.6cm×2.7cm×4.5cm

作者：查仲林

◎茶禅一味

材　质：寿山石

边　款：辛巳秋刻仲林

尺　寸：3.3cm × 3.1cm × 10.4cm

作　者：查仲林

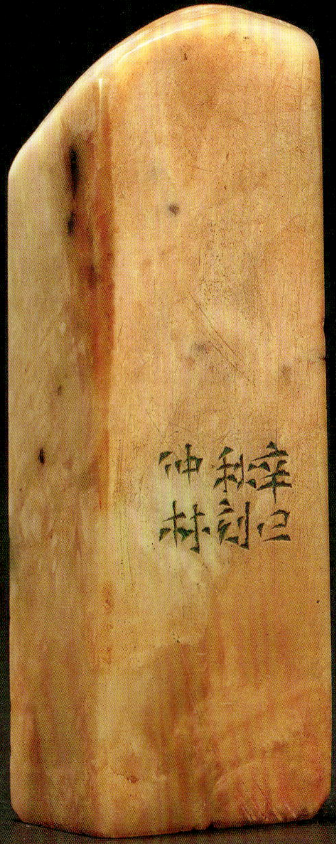

◎刘福生章

材 质：寿山高山

印 钮：松鼠钮

边 款：福生先生雅正 心田徐州刻印

尺 寸：1.5cm×1.5cm×6.2cm

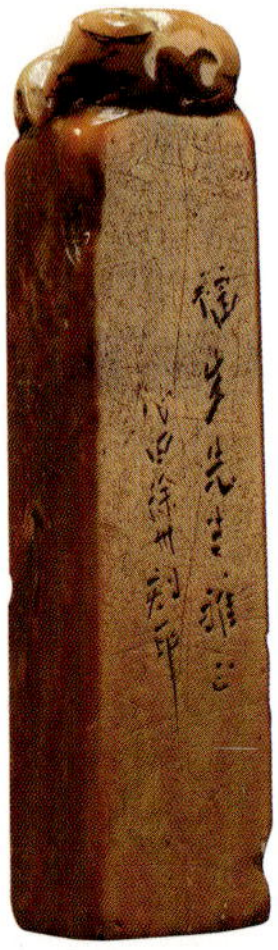

◎万事如意

材 质：寿山石

印 饰：山水人物薄意

尺 寸：3.2cm×2.6cm×5cm

◎海棠依旧

材　质：青田石

边　款：昨夜雨疏风骤　浓睡不消残酒　试问捲簾人　却道海常（棠）依旧　知否知否　应是绿肥红瘦　易安居士　如梦令　癸巳冬于连成刊

尺　寸：3.1cm×3.1cm×5.2cm

作　者：于连成

作者简介

于连成，1960年生，别号『遇翁生』，北京石刻艺术博物馆文物专家。书法五体兼能，篆刻浑厚高清。主编有《近百年书画名家印鉴》。

◎斗信印 柯竹（两面印）

材 质：寿山石

尺 寸：1.3cm×1.2cm×3cm

◎陆定康

材 质：黄杨木

尺 寸：1.4cm×1.4cm×3.2cm

◎刘恒发章

材　质：有机玻璃

边　款：应祥先生雅玩　丁亥年春傅氏刊

尺　寸：0.9cm × 0.9cm × 6.4cm

◎卜远私印

材　质：玛瑙

印　钮：圆雕佛造像

尺　寸：2.3cm × 2.3cm × 3.6cm

◎吴东方

材 质：水晶

尺 寸：1.3cm×1.3cm×5.8cm

◎陈玉声

材　质：牛角

尺　寸：1.4cm × 1.1cm × 6.2cm

◎杜世贞印

材　质：木胎漆印

尺　寸：1.3cm × 1.3cm × 5.3cm

◎李慎之印

材　质：独山玉

尺　寸：1.7cm×1.7cm×9.4cm

◎庐继禹

材　质：有机合成材料

尺　寸：1.2cm × 1.2cm × 5.9cm

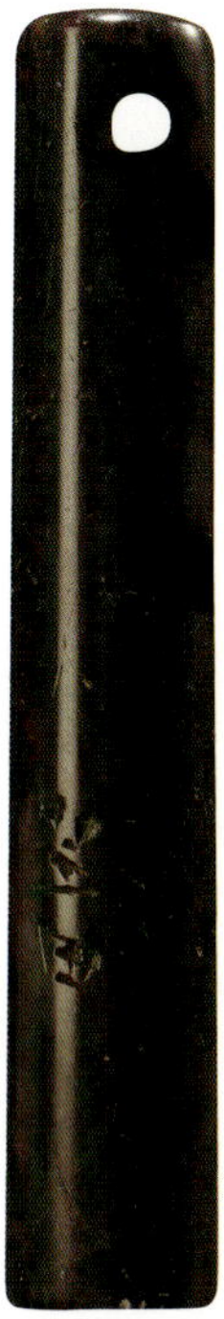

◎稻香

材　质：寿山冻石

边　款：芝田

尺　寸：1.6cm × 1.6cm × 9cm

◎吴振民

材 质：有机材料

尺 寸：1.1cm × 1.1cm × 3cm

◎冰心

材质：塑料

印钮：古兽钮

尺寸：1.5cm×1.4cm×3.5cm

◎何长如书

材质：有机材料

尺寸：1.2cm×1.2cm×2.9cm

◎隐波

材　质：象牙

尺　寸：1.2cm × 0.5cm × 3.8cm

◎君子以仁为道

材　质：寿山高山

印　钮：如意钮

边　款：君子以仁为道己亥夏月尚轩

尺　寸：2.3cm × 1.3cm × 3.4cm

作　者：尚轩

◎王维岳章

材　质：铝

印　饰：花草纹饰

尺　寸：1.3cm × 1.3cm × 3.8cm

◎曹春之章

材 质：赛璐珞

尺 寸：1.2cm×1.2cm×3.1cm

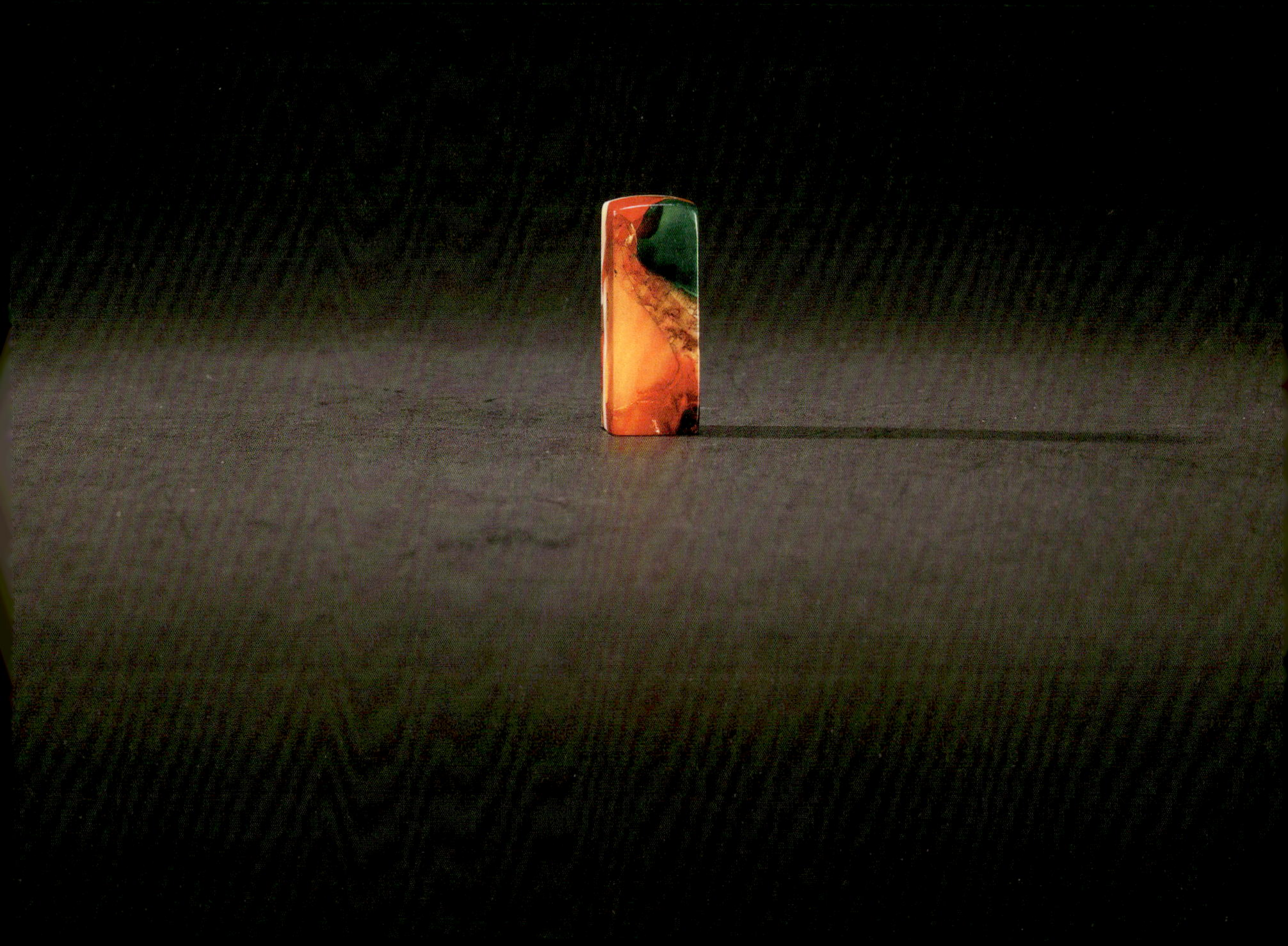

◎乡音是亲　斗门洞阔龙归易

材　质：寿山石

边　款：黄鑰句　赵勇刻于五羊城

尺　寸：3cm × 3cm × 3.9cm

作　者：赵勇

◎栟宇

材质：寿山石

边款：栟宇之印

尺寸：1.4cm × 1.4cm × 1.8cm

◎顾保法印

材 质：青田石

印 钮：狮钮

尺 寸：2cm × 2cm × 3.1cm

◎法自然

材质：寿山石

印饰：圆雕佛造像

边款：少孺治于鉴印山房

尺寸：3.6cm×1.5cm×8.1cm

作者：许雄志

作者简介

许雄志，别署少孺，1963年12月生。现为西泠印社副秘书长，中国书法家协会理事，中国书法家协会篆刻委员会副主任，中国艺术研究院书法院研究员、篆刻院研究员，河南省书法家协会副主席兼篆刻委员会主任，河南印社社长。把楚简引入篆刻创作，别开一格。

◎思不群

材 质：巴林冻石

印 钮：螭龙钮

边 款：少孺治于鉴印山房灯下

尺 寸：4cm × 1.8cm × 5.5cm

作 者：许雄志

◎**翰墨养生**

材质：寿山石

印文：深浮雕双鱼钮

边款：有根正之松章

尺寸：2cm×2cm×6.8cm

作者：谷松章

作者简介

谷松章，1968年12月生，河南省郑州市人，斋号『冠玉堂』。师承李刚田、孙慰祖、徐正濂、刘一闻先生。篆刻以汉玉印和鸟虫篆印为主，纯净典雅。西泠印社理事、中国书法家协会篆刻委员会委员、中国艺术研究院篆刻院研究员、河南省书法家协会篆刻委员会副主任兼秘书长、河南印社副社长兼秘书长、《书法导报》篆刻版特约编辑。

气若兰兮长不改，心若兰兮终不移。

后记

先父 王佑权

父母遗留下几方名章，一方外祖父的，牙质『汪同寅印』。一方母亲的，牙质桥钮『汪瑞卿』。父亲则有两方，一是独山玉方章『王佑权印』；一是『王佑权』章，此印为有机材质，钢笔式样，笔挂顶端錾刻『上海』两字，中端内置印泥。以上四印皆朱文，用材讲究，刻工甚好。倒是不记得他们曾在哪里钤盖过，印章还是被我保存了下来，睹物思亲，这是在我脑海中有深刻记忆的东西。

父亲于1945年1月投身抗日战争，抗战胜利后，于1946年9月入开封河南大学（前身河南留学欧美预备学校）学习，1949年6月投笔从戎，入南京华东军事政治大学，自此开始了革命生涯。母亲幼读私塾，家境优裕，1949年后在郑州市郊区文化馆、郑州市郊区供销社工作至退休。就教育背景和成长经历来看，父母拥有几方具有时代特征和艺术性的印章是再自然不过的。

我大概是在1999年开始接触收藏。记得是在一个周末，来到位于郑州西南的郑州古玩城闲逛。据记载这个地方是在唐宋八大名楼之一夕阳楼的遗址上复建的，建成后就成为90年代后期郑州市地标性建筑。来到一楼交易大厅，人很多。有位中年商人手持的三方印章使我驻足观看。卖家说东西是河北一位书画家留下的，但未讲明是哪位书画家，索价120元。见价格不高，便付钱买下。回想这应该是第一次买东西，诸事懵懂，得之实属侥幸。回家后常拿出赏玩，时间久了，方知印章材质皆寿山名品，一乌鸦皮田黄，印文『寿』字；一白田，印文『秋谷』；一芙蓉，印文『伯生』。印身皆薄意浮雕，工稳俊美，雅致宜人。三方印章赏玩至今，心喜无限，遂成为入门的开始。

之后，买来收藏方面的书籍进行学习和研究，在河南金版图书公司陆续购买了《艺林撷珍丛书》（上海人民美术出版社）系列专著，《古玩宝斋丛书》（上海书店出版社）系列专著。闲暇时看书，学习收藏知识，也不断被书中精美的器物所吸引。周末和节假日，逛古玩市场，在熙熙攘攘，老少穿梭的摊位前寻觅；遇有出差，得便去当地的古玩店，以寻访佳石古印为趣。因为寻觅而有了期待，偶有所得，便陶醉其中，心灵也因此得以充实。意所缱绻，身所盘桓，知有提高，所见渐宽。这样，书越买越多，藏品也随之丰富了起来。

文彭（1498—1573）字寿承，号三桥，别号渔阳子、三桥居士、国子先生，被视为文人流派篆刻的开山鼻祖。据传文彭刻制的印章颇多，但传世者甚少。2014年10月，全国文物艺术品交流大会在郑州河南省文物交流中心举办。买卖玉器的柜台前人头攒动，在一个位置较偏、人较少的地方，一柜台内的一方小印章吸引了我的注意，让小伙儿从柜内拿出，甫一上手，即感震撼。这是一方罕见的文彭印章，章不大，2厘米见方，2.7厘米高，黑灰褐色青田石质，细腻滋润，边款上方处略有磕碰；钮为龟型，龟背中间微凸，两边略平，四足微露，头部短而缩，嘴眼不甚分明，极神似；背刻甲纹，纹饰精细，整体完整紧凑。龟钮造型是古代最为典型的钮式之一，寓吉祥长寿。该印边款镌刻『嘉靖丁亥春日作文彭』，隶书，呈纵向排列，『文彭』二字略向下，错落有致；印文『溪口渔家』，朱文，工稳典雅又自出新意。此印是材质与钮式相融、自然与人工相结合的典范。手捧此印，古趣盎然，让人爱不释手。当时未拿下，旋而复回购归。经查，是印『嘉靖丁亥』，即明嘉靖六年（1527）文彭29岁所作，是其风格形成期的代表作品，确是福缘。

收藏讲究随缘。随不是随便，是把握机缘；缘是相遇相随，顺其自然。二十多年来，铢积寸累，新旧兼蓄，乐此不疲，集印竟有数百件之多，珍稀者也有若干。当然亦有失之交臂者，至今还记得，十多年前在开封，一方『子刚』款精美印章要价4300元，三个月内连跑两趟，迟疑未决，等第三次去时已被他人买走；一件元代肖虎图形印，极为传神，要价2000元，嫌贵放弃，颇有遗珠之憾……拥有的皆是幸运，遇见的都是天意，未得到的即要随缘。世上好物多多，岂能尽归己有，物近时好好珍惜，物去时相送欢颜。明代洪应明《菜根谭》中的经典句子『宠辱不惊，闲看庭前花开花落；去留无意，漫随天外云卷云舒』，道出了人生对事、对物应该持有的态度。

室名斋号在文人墨客中广为沿用，历传不衰，也一直被后人所津津乐道。随着中国传统文化的升温，至情至淳的室名斋号印也被今人再度珍视和收藏。几年前得『素心兰室稿本』小印，该印镌刻于寿山芙蓉石上，石质细腻光亮，如意钮制也是仅见。六字印文以铁线篆朱文刻出，精细无比；边款『壬寅正月冷蝉作』，甚是雅致。曾携此印至孟师会祥处共赏。经查清人陆应暄「字石孙，广东番禺人，清光绪十一年（1885年）举人」，著有《素心兰室诗钞》二卷，莫非此玲珑小印是陆举人之遗物。

书画篆刻家潘主兰之父潘信庚是一位儒者，嗜种素心兰，民国书法家曾熙书『素心斋』相赠，潘主兰承袭了『素心斋』之室名。由此可见文人雅士对兰之喜爱。兰淡雅高洁，孔子有『气若兰兮长不改，心若兰兮终不移』之句，亦有杜牧『本是馨香比君子，绕栏今更为何人』的君子之喻，更有陆游『生世本幽谷，岂愿为世娱』的本心和品格，而元人萨都剌的『幽兰日吹古香，美人不来溪水长』又有几多爱的等待。千古幽兰令文人雅士歌之吟之，无不彰显出一种情感。我也爱兰，遂效前贤取『素心兰室』四字作为自己的斋号，以寄心曲。

最近一次收藏是2022年7七月在郑州中州智选假日酒店文物交流会上所遇现代著名书法家、篆刻家王寿祺（王福庵）先生作品。石为青田，以满白文刻『醉石山房』，谨严工稳，健迈厚重。边款用122字记述了作者与醉龙（唐醉石）切磋印学的金石因缘，拳拳之心，溢于言表。

岁月穿梭，倏忽廿年，藏品各异，陈于几案，相互研习，明其真善，遂从摩挲波磔、勘探骊珠中发觉，藏品没有贵贱之别、高下之分，关键是打动人心，关键是美。美才是最终的依归。那么，美从何处寻？其实，美存在于我们每个人的心中。

是书所集印章自春秋『亚』纹玺起，止于当代谷松章『翰墨养生』印，共计339方。大致以时代和作者年代为序，次第排列。从春秋、秦汉到明清，古玺印、流派印多有涉猎。铜玉瓷石，琳琅满目；箴言古语，饶有丰趣；甲金籀隶，源远流长；印痕处处，方寸千言。

借此，特别感谢李刚田先生为本书题签，特别感谢吉欣璋先生为本书撰写序言，让本书增色生辉。同时，中原出版传媒投资控股集团有限公司李雁宾先生为本书的出版鼎力帮助，河南美术出版社白立献主任对书稿详加审阅，责任编辑李雪沆女士在章节调整、印章释文等方面提出了许多极为重要的意见，摄影师张永刚先生为每方印章拍照，张志钦先生、刘永彪先生、徐要洲先生、马文涛先生在印章释文、印章断代、印蜕制作、边款拓制方面给予了非常专业的帮助，在此表示衷心的感谢。郑州天外天文化传播有限公司黄宝锋先生对本书的统筹给予了大力支持，王慧欣女士在书籍设计、文字整理等方面做了大量基础性的、卓有成效的工作，于倩友兄、徐炜宇学兄对本书的出版给予了大力支持，在此一并致谢。

因本人水平所限，明清、近现代、当代三个章节，每方印章前未再标注确切年代，印章排序也不尽准确，其他疏漏和错误在所难免，敬请专家、读者不吝赐教、批评指正。

癸卯中秋之夕　王平记于素心兰室

图书在版编目（CIP）数据

方寸千言：素心兰室藏印 / 王平编著. -- 郑州：河南美术出版社，2024.11

ISBN 978-7-5401-6422-5

Ⅰ. ①方… Ⅱ. ①王… Ⅲ. ①古印（考古）—收藏—中国—图集 Ⅳ. ① G262.1-64

中国国家版本馆 CIP 数据核字 (2024) 第 019178 号

方寸千言

素心兰室藏印

王平 编著

出 版 人：王广照

责任编辑：白立献 李雪沅

责任校对：赵 帅

责任设计：李雪沅

封底篆刻：袁克文

书籍设计：天外天 / 王慧欣

制 作：郑州天外天文化传播有限公司

出版发行：河南美术出版社

地 址：郑州市郑东新区祥盛街 27 号

邮政编码：450016

电 话：0371-65788152

印 刷：河南匠心印刷有限公司

开 本：185mm × 250mm 16 开

印 张：19.25

字 数：100 千字

版 次：2024 年 11 月第 1 版

印 次：2024 年 11 月第 1 次印刷

印 数：1-1500 册

书 号：ISBN 978-7-5401-6422-5

定 价：268.00 元